할머니
난설헌을
기리며

허미자 지음

보고사
BOGOSA

초당공파 종가에서
초기에 제작한
난설헌 초상

1차 난설헌 영정
사진엽서

난설헌 생가터 안채 출입문. 사진엽서

난설헌 생가터 봄날 전경. 사진엽서

난설헌 생가터 솔밭. 사진엽서

광주 경화여자상업고등학교 교정 난설헌시비

안동 김씨 선영 난설헌시비. 1985년 11월 24일 필자

이장하기 전 난설헌 묘

새로 이장한 광주 안동 김씨 선영 난설헌 묘역

오른쪽에 난설헌 묘와 시비가 보이고, 왼쪽은 곡자(哭子) 시에 보이는 어린 아들과 딸의 묘이다.
묘 앞에 허봉이 지어준 희윤 묘지가 번역문과 함께 세워져 있다. 뒤에는 안동 김씨 하당공종중회
가 세운 난설헌 헌시비가 보인다.

머리말

저는 난설헌(蘭雪軒) 허초희(許楚姬) 할머니의 11대 후손으로, 난설헌 할머니를 기리는 마음에서 이 책을 쓰기 시작하였습니다. 친정아버지가 초당(草堂) 선생의 10대 종손이고, 오라버니가 11대 종손이었기에, 저는 1953년 이화여대 국문과에 입학할 때부터 난설헌 연구가 저에게 주어진 숙제라고 생각하며 공부를 시작하였습니다.

저는 성신여자대학교 국어국문학과 교수로 재직하면서 1984년 성신여자대학교 출판부에서 『허난설헌 연구』를 출판하였습니다. 성신여자대학교에서 처음으로 수여하는 퇴임교수 특별연구비를 지원받아서, 퇴임 후에도 연구를 계속하면서 수정 보완하여, 2007년 성신여자대학교 출판부에서 『허난설헌』을 출판하였습니다.

한시(漢詩)는 조선시대에 동아시아 여러 나라의 공동문자였으므로, 난설헌의 한시는 중국과 일본에서 번역할 필요 없이 그대로 출판되었습니다. 한국, 중국, 일본에서 시집이 모두 출판된 시인은 우리나라에서 난설헌 한 사람뿐이었으므로, 중국과 일본 학자들이 난설헌에 대하여 많은 연구를 하였습니다. 일본 학자 나카이 겐지(仲井健治) 선생이 『난설헌의 세계』라는 장편의 논문을 쓰셨는데, 2001년 봄에 백호(白湖) 임제(林悌) 선생의 후손이신 임채남(林彩南) 선생을 통해서 그 원고를 받았습니다. 저는 1년 동안 그 원고를 우리말로 번역하여, 2003년 국학자료원에서 『일본인이 본 허난설헌 한시의 세계』라는 단행본으로 출판하였습니다.

저는 그 동안 난설헌에 대하여 연구하며 몇 권의 단행본을 출판하고, 다른 분들의 논문도 정리하여 연구사를 소개하였지만, 난설헌의 한시와 생애는 일반 독자들에게도 매력 있는 독서물이어서, 학자 외에도 여러분들로부터 사랑을 받았습니다. 음악, 미술, 연극, 영화, 서예, 설치미술 등 여러 예술 분야에서 난설헌을 추모하거나 재평가하는 작업들이 꾸준히 진행되어 왔습니다.

제가 『허난설헌』을 집필하고 15년이 되었기에, 기존의 연구서나 평전과는 달리 난설헌 할머니를 추모하는 작업들을 정리하여 간행하면서 『할머니 난설헌을 기리며』라는 제목을 붙였습니다. 난설헌을 추모하는 작업들은 조선시대뿐만 아니라 최근에 들어와서 더 널리, 다양하게 이뤄졌습니다. 21세기에 들어와 여러 나라의 예술가들이 이 작업에 참여하였으며, 특히 2018년 평창 문화 올림픽 때에는 난설헌이 거닐던 강릉 경포대에서 「달빛호수」라는 라이트 아트쇼를 통하여 전 세계적으로 난설헌이 알려졌습니다.

강릉시와 강릉의 신문, 방송, 여성단체, 교산·난설헌선양회 여러분의 사랑과 도움으로 시대를 앞서갔던 난설헌의 한이 풀리고, 옛 시인이 아니라 지금 이곳에 우리와 함께 살아가는 시인이 되었습니다. 고향을 지키며 난설헌 선양에 앞장섰던 아우 양천 허씨 강릉종중의 허세광 회장과 문중의 여러분들께도 감사드립니다.

제가 할머니 난설헌을 기리며 추모하는 마음을 책으로 출판하게 된 것은 처음부터 자료수집에 큰 도움을 준 허세광 아우와 편집에 도움을 준 허경진 아우의 협조 덕분이니 진심으로 감사합니다.

아울러 이번 책뿐만 아니라 앞서 『나의 스승 어머니』, 『당신의 사랑 안에 머물게 하소서』 등 두 권의 책을 출판해 주신 보고사의 김흥국 사장님께 진심으로 감사드립니다.

난설헌이 세상을 떠난 지 벌써 433년이 지났습니다. 이제부터는 어떤 방향으로 난설헌을 재평가할 수 있을는지, 난설헌을 사랑하는 여러분들께 이 책이 조그만 디딤돌이 되면 다행이겠습니다.

2022년 2월 2일

허미자

차례

제3장 양천 허씨 역사 속에 수록된 난설헌의 시세계

제4장 난설헌 학술강연회와 학술대회 문화제

제5장 다양한 예술로 되살려낸 난설헌

제6장 허난설헌을 기리며

제1장

난설헌에게 지어준 글들

　난설헌 시대에는 여성이 공개적으로 한시를 배울 기회가 없었
으며, 외부인들과 시를 주고받을 기회도 없었다. 따라서 난설헌
의 차운시는 대부분 당나라 시인에 대한 차운이며, 멀리 떨어져
있는 오라버니에게 지어 보낸 시 정도나 주고받은 시에 포함된다.
따라서 난설헌이 생전에 외부인에게서 시를 받은 적은 없겠지만,
그가 세상을 떠난 뒤에 아우 허균이 편집한 『난설헌집』이 널리
알려지면서 많은 시인들이 차운하여 시를 지었다.

1. 난설헌 생전에 난설헌을 위하여 지은 글들

　난설헌 생전에 난설헌에게 지어준 글은 작은오라버니 하곡(荷
谷) 허봉(許篈)이 가장 많이 지었다. 허봉이 난설헌에게 지어 보낸
칠언절구 2제(題) 3수와 발문(跋文) 1편이 『하곡집(荷谷集)』에 실려
있다.

누이에게

고개 위 나무들은 천 겹으로 차가운 성채를 에워싸고
강물은 동쪽으로 흘러내려 먼 바다에까지 이르네.
집을 떠나 만 리 밖 슬픔을 혼자 견디며
시름겨운 눈으로 모래언덕을 보니 병든 할미새 한 마리 있네.
갑옷 입은 병사의 무리들은 아침 햇살에 빛나고
만 갈래 깃발들은 고개 위 구름 사이에서 흩날리네.
흑수 가에 서서 멀리 오랑캐 산을 가리키노라니

오랑캐들은 다투어서 한나라 장군을 바라보네.

寄妹氏

嶺樹千重遶塞城。江流東下海冥冥。

辭家萬里堪怊悵。愁見沙頭病鶺鴒。

千群組練明朝日。萬丈旌旗拂嶺雲。

指點胡山臨黑水。窮廬爭看漢將軍。 -『荷谷詩鈔補遺』

누이에게 붓을 보내며

신선 나라에서 예전에 내려주신 글방의 벗을

가을 깊은 규중에 보내어 경치를 그리게 한다.

오동나무를 바라보며 달빛도 그려 보고

등불을 따라다니며 벌레나 물고기도 그려 보아라.

送筆妹氏

仙曹舊賜文房友。奉寄秋閨玩景餘。

應向梧桐描月色。肯隨燈火注虫魚。

『두율(杜律)』 시집 뒤에다 써서 누이 난설헌에게 주다

이『두율』1책은 문단공(文端公) 소보(劭寶)가 가려뽑은 것인데, 우집(虞集)의 주에 비하여 더욱 간명하면서도 읽을 만하다. 만력 갑술년(1574)에 내가 임금의 명령을 받들고 황제의 생신을 축하하러 갔다가 통천에서 머물렀었다. 그곳에서 섬서성의 거인 (擧人) 왕지부(王之符)를 만나서 하루가 다하도록 얘기를 나누었는데, 헤어지면서 이 책을 내게 주었다. 내가 (이 책을) 책상자 속에 보물처럼 간직한 지 몇 해 되었다.

이제 아름답게 장정해서 네게 한번 보이니, 내가 열심히 권하

或神物有靈蟬蛇汚濁亦不可知則金生雖欲藏之
十襲得手嘻其可惜也已萬曆乙酉後九月荷谷道
人書于斗文山齋。
題杜律卷後。奉呈妹氏蘭雪軒。
杜律一冊。邵文端公寶所鈔。比虞註尤簡明可讀。萬
曆甲戌。余奉命賀節。旅泊通川。遇陝西擧人王君
之符。接話盡日。臨分。贈余是書。余寶藏巾箱有年。今
輒奉玉。汝一覽。其無負余勤厚之意。俾少陵希聲復
發於班氏之手可矣。萬曆壬午春。荷谷子識。

可昇字說
李氏子曦其名昇字荷谷道人謚曰沈沈萬國衆
象昏黑皎皎一天大明高懸斯其爲休徵而字子以
可昇乎。
答東臯文丈書
相望不復披積有慈思玆固惺齋丈祇奉手帖縷
縷敬閱再三第深感嘆知慈行在通知剚忡悵仙舟
必由漢水賊跡拘縻阻拜征塵引領而已伏願倍珍
簡鼎爲道自愛用副瞻仰就中六字誨語謹以作終
身之佩伏惟尊鑑不具謹拜上謝伏。丙戌三月晦日。
侍生某

하곡집에 누이[妹氏] 난설헌(蘭雪軒)이라는 제목이 보인다.

는 뜻을 저버리지 않으면 희미해져가는 두보의 소리가 누이의
손에서 다시 나오게 할 수도 있을 것이다.

만력 임오년(1582) 봄에 하곡은 쓰다.

題杜律卷後。奉呈妹氏蘭雪軒。

杜律一冊。邵文端公寶所鈔。比虞註尤簡明可讀。萬曆甲戌。余
奉命賀節。旅泊通川。遇陝西擧人王君之符。接話盡日。臨分。贈余
是書。余寶藏巾箱有年。今輒奉玉。汝一覽。其無負余勤厚之意。俾
少陵希聲復發於班氏之手可矣。萬曆壬午春。荷谷子識。

『난설헌집』에는 난설헌이 작은오라버니의 시에 화답하거나 차
운한 시들이 여러 편 실려 있다. 오언고시 「기하곡(寄荷谷)」, 칠언
고시 「송하곡적갑산(送荷谷謫甲山)」, 칠언율시 「차중씨견성암운(次

仲氏見星庵韻)」 2수, 「차중씨고원망고대운(次仲氏高原望高臺韻)」 4
수 등이 작은오라버니 허봉에게 지어보낸 시들인데, 이 가운데
'기(寄)'나 '송(送)' 자로 시작되는 제목들은 난설헌이 먼저 지어서
보낸 시들이고, '차(次)' 자로 시작되는 제목들은 허봉이 먼저 지어
서 난설헌에게 보내자 난설헌이 이에 차운하여 지은 시들이다.

난설헌 생전에 난설헌의 시가 간행되지 않았기 때문에 외부 독
자들에게 널리 읽히지는 않았다. 허봉의 친구이자 허균의 스승인
손곡(蓀谷) 이달(李達)이 난설헌에게 시를 가르쳤다는 전설이 있으
므로, 난설헌의 시가 아마도 허봉을 통하여 이달에게 전달되었을
가능성은 있지만, 이달이 시를 가르쳐 준 문헌적인 증거는 보이지
않는다. 난설헌이 이달의 친구이자 함께 삼당(三唐)으로 불렸던
최경창(崔慶昌)·백광훈(白光勳)을 언급한 오언고시 「견흥(遣興)」 제
5수가 최경창이나 백광훈에게 전달되었을 가능성은 있다. 난설헌
이 지은 이 시가 백광훈의 『옥봉별집(玉峯別集)』 부록에 「의고(擬
古)」라는 제목으로 실리고, 난설재 허씨(蘭雪齋許氏)라고 시인 이
름이 밝혀져 있다.

난설헌 생전에 그의 시에 차운하여 지었던 시인은 난설헌의 시
숙부(媤叔父)인 김수(金睟, 1547~1615)인데, 그가 조카며느리인 난
설헌의 이 시에 차운하여 친구인 허봉에게 보냈다.

**조카며느리의 시에 차운하여 갑산으로 유배되는 허미숙을
보내다**

조정의 시론이 변해서

철령 밖으로 쫓겨나는 신하 바쁘시네.

쓰고 버리는 거야 타고난 운수에 달렸으니

사랑과 미움이 어찌 우리 임금께 있으랴.

슬피 시 읊는 것은 굴원이 못가에 거닐 때와 같지만

누워 다스리는 것은 회양태수와 다르네.

갑산에 오래 있게 되리라 듣고 보니

마음이 놀라 만 줄기 눈물이 흐르네.

次姪婦韻送許美叔謫甲山

朝端時論變。嶺外逐臣忙。

用舍關天數。愛憎豈我王。

悲吟同澤畔。治臥異淮陽。

聞說甲山久。心驚淚萬行。

김수(金睟)는 1573년 문과에 허봉과 함께 급제하고, 호조판서를 거쳐 영중추부사(정1품)까지 오른 재상이다. 허봉은 1574년 명나라에 서장관으로 다녀오면서 조천록(朝天錄)을 기록했는데, 7월 28일 일기에 보면 "새벽에 김자앙(金子昻)을 꿈꾸었다"라는 구절이 실려 있다. 자앙(子昻)은 김수의 자(字)이니, 외국에 나가면서도 꿈을 꿀 정도로 두 사람이 친했음을 알 수 있다.

어진 태수로 인정받은 급암(汲黯)이 태수 직을 엎드려 사퇴하며 태수의 인(印)을 받지 않으려 하자, 무제(武帝)가 그를 달랬다. "내가 그대의 위엄을 빌려서 편히 누워 그곳을 다스리려 하는 것이다." 이 말에서 "치와(治臥)"라는 말을 인용하였다.

이 시는 충신 굴원(屈原)같이 바르게 간하다가 귀양간 친구 허봉을 동정하는 시인데, 난설헌의 시를 차운했을 뿐만 아니라 굴원의 이야기까지 그대로 빌려왔다. 회양의 경우와 다르다는 이야기는 허봉이 창원부사로 좌천되었다가 갑자기 갑산으로 유배되었기 때문에 나온 말이다. 시숙(媤叔) 김수(金晬)가 자기보다 16세나 어린 조카며느리의 시에 차운할 정도로, 젊고 앳된 조카며느리의 시를 인정했음을 보여주는 시이다.

2. 난설헌의 문집을 엮으면서

난설헌이 1589년 3월 19일에 세상을 떠나자 아우 교산(蛟山) 허균(許筠)이 흩어져 있는 난설헌의 시를 수집하여 『난설헌집』을 편집하고 1608년에 활자본으로 간행하였다. 난설헌이 세상을 떠난 뒤에 『난설헌집』이 간행될 때까지 19년이 걸렸는데, 이 사이에 여러 사람이 난설헌의 시집 편집과 간행에 대한 글을 지어 남겼다.

난설헌의 죽음에 대해 가장 먼저 지은 글은 허균의 「훼벽사(毁璧辭)」이다.

> 나의 죽은 누님은 어질고도 글재주가 있었지만, 그 시어머니에게 잘못 보였으며, 또 두 자식을 잃은 뒤에 드디어 한을 품고 죽었다. 그를 생각할 때마다 사무치는 슬픔을 어찌할 수 없었다. 그러다가 황태사의 사를 읽었는데, 그가 홍씨 누이의 죽음을 애통해하는 정이 간절하고도 사무쳤다. 천년 뒤에 태어난 몸이지만 동기를 그리워하는 슬픔이 이처럼 서로 같기에, 그의 글을

본받아서 나의 슬픔을 달래고자 한다.

　余亡姊賢而有文章。不得於其姑。又喪二子。遂齎恨而歿。每念則靄傷不已。及讀黃太史辭。其痛洪氏妹之情。悲切怛怛。千載之下。同氣之慟。若是其相類。故效其文而抒哀也。

-『惺所覆瓿藁』 卷三 「毁璧辭」 序

　허균이 1년 동안 난설헌의 시 210편을 정리하여 초고(草稿)를 엮었다. 11월에 유성룡이 서문을 지어 허균에게 주었다.

　내 친구 미숙(美叔)은 세상에서 보기 드문 뛰어난 재주를 가졌는데, 불행히 일찍 죽었다. 나는 그가 남긴 글을 보고 정말로 무릎을 치면서 탄복하여 칭찬해 마지않았다. 하루는 미숙의 아우 단보(端甫) 군이 그의 죽은 누이가 지은 『난설헌고(蘭雪軒藁)』를 가지고 와서 보여 주었다. 나는 놀라서,

　"훌륭하도다. 부인의 말이 아니다. 어떻게 하여 허씨의 집안에 뛰어난 재주를 가진 사람이 이토록 많단 말인가."

라고 말하였다.

　나는 시학에 관하여는 잘 모른다. 다만 보는 바에 따라 평한다면 말을 세우고 뜻을 창조함이 허공의 꽃이나 물속에 비친 달과 같아서 맑고 영롱하여 눈여겨볼 수가 없고, 울리는 소리는 형옥(珩玉)과 황옥(璜玉)이 서로 부딪치는 것 같으며, 남달리 뛰어나기는 숭산(嵩山)과 화산(華山)이 빼어나기를 다투는 듯하다. 가을 부용은 물 위에 넘실대고 봄 구름이 허공에 아롱진다. 높은 것으로는 한나라·위나라의 제가보다도 뛰어나고 그 나머지는 성당의 것만 하다. 그 사물을 보고 정감을 불러일으키며 시절을 염려

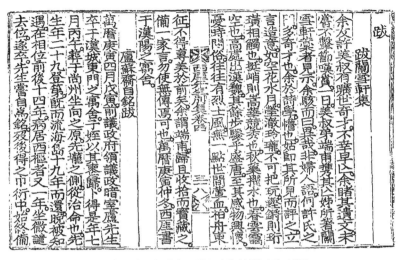

서애 유성룡이 지어준 최초의 『난설헌시집』 발문

하고 풍속을 근심함에는 종종 열사의 기풍이 있다. 조금도 세상
에 물든 자국이 없으니, 백주(柏舟)·동정(東征)이 오로지 옛날에
만 아름다운 것은 아니다.

나는 단보 군에게 이렇게 말하였다.

"돌아가 간추려서 보배롭게 간직하여 한 집안의 말로 비치하
고 반드시 전하도록 하는 것이 옳다."

만력 경인년(1590) 11월 서애는 한양의 우사(寓舍)에서 쓴다.

余友許美叔有曠世奇才。不幸早亡。余睹其遺文。未嘗不擊節嘆
賞。一日。美叔弟端甫携其亡姊所著蘭雪軒藁者見示。余駭而曰。異
哉。非婦人語。何許氏之門。多奇才也。余於詩學。懜也。姑卽其所
見而評之。立言造意。如空花水月。瑩澈玲瓏。不可把玩。鏗鏘則珩
璜相觸也。挺峭則嵩華競秀也。秋藻擢水也。春雲靄空也。高處出漢
魏。其餘步驟乎盛唐。至其感物興懷。憂時悶俗。往往有烈士風。無

一點世間葷血。柏舟東征 不得專美於前矣。余謂端甫。歸且收拾而
寶藏之。備一家言。勿使無傳焉可也。萬曆庚寅仲冬。西厓書于漢陽
之寓舍。　　　　　　　－柳成龍「跋蘭雪軒集」『西厓先生別集』卷四

　유성룡은『난설헌집』발문과는 별도로, 난설헌의 시가 조선
여성시인 가운데 최고라고 평하는 글「여자능시(女子能詩)」를 지
었다.

　　근세의 여자 가운데 시를 잘 짓는 자가 몇 사람 있는데, 그
　가운데 한 사람 허씨(許氏)의 호는 난설헌(蘭雪軒)이니, 감사(監
　司) 엽(曄)의 딸이다. 자라서 정자(正字) 김성립(金誠立)에게 시집
　갔는데, 재주가 무리 가운데 뛰어났다. 이제 2수를 기록한다.
　　비단 띠 비단 옷에 눈물 자국뿐이니
　　한해살이 꽃다운 풀 왕손을 원망함이여.
　　요금으로 강남곡을 다 타고 나니
　　비가 배꽃을 치기에 낮에 문을 걸었노라.

　　달 비친 누에 가을은 깊고 옥병은 비었는데
　　서리 친 갈대 물가에 저문 기러기 내린다.
　　비파 한 곡 다 타도록 사람 구경 못하는데
　　연꽃은 들 연당 위에 시나브로 지누나.
　　모두 탈속하고 쇄락하여 당나라 시의 운과 같으니, 사랑할 만
　하다. 다른 편에도 이와 같은 시가 많다. 나이 스물 남짓에 죽
　었다.
　　近歲女子能詩者數人。其一許氏。號蘭雪軒。監司曄之女。旣長

歸于正字金誠立。才調出羣。今錄二詩。錦帶羅衣積淚痕。一年芳草
怨王孫。瑤琴彈罷江南曲。雨打梨花畫掩門。又月樓秋盡玉屏空。霜
打蘆洲下暮鴻。瑤瑟一彈人不見。藕花零落野塘中。皆脫洒可愛。絕
似唐韻。他篇多類此。年二十餘終。　　-『西厓集』別集 卷4 雜著

허균은 난설헌이 세상을 떠난 지 1년 만에 시집의 편집을 마치
고 유성룡의 발문까지 받아서 곧바로 간행할 단계에 이르렀지만,
1592년에 임진왜란이 일어나면서 간행은 무기한 연기되었다. 피
난길에 원고까지 흩어졌다.

『난설헌시집』의 간행은 연기되었지만, 허균은 난설헌의 시를
중국으로 보낼 기회를 만들었다. 병조좌랑 벼슬을 맡아 중국 장군
과 사신들을 접대하느라고 돌아다녔는데, 명나라의 종군문인 오
명제(吳明濟)가 허균 형제의 집에 머물며, 허균과 함께『조선시선
(朝鮮詩選)』을 엮었다. 허균이『난설헌집』초고를 오명제에게 주
었다. 오명제가 지은「조선시선서(朝鮮詩選序)」에 그러한 사연이
실려 있다.

서울에 이르자 문학하는 선비가 많은 것을 알게 되었다. 그래
서 사마공(司馬公)에게 서너 번 청하여, "잠시 군문(軍門) 바깥에
머물면서 (문학하는 선비들과) 사귀고 찾아다니다가, 다시 상공
(相公) 처소로 돌아오고 싶습니다."라고 하였다. 그랬더니 (사마
공이) 허락하였다. 명제(明濟)가 (군문) 밖으로 나가 허씨(許氏)네
집에 머물렀다. 허씨 3형제는 이름을 봉(篈)·성 (筬)·균(筠)이라
고 했는데, 문장으로 동국(東國)에 이름이 알려졌다. 봉과 균이

명나라 문인 오명제가 난설헌 시 200편을 받았다고 밝힌 『조선시선』 서문

모두 장원급제했는데 균의 재주가 더 뛰어났다. 한번 보면 잊어 버리지 않아, 그가 동국의 시 수백 편을 외워 주었다. 그 덕분에 명제가 모은 시는 나날이 불어났으며, 그의 누이가 지은 시 200 편까지 얻게 되었다.

　及抵王京。聞多文學士。乃數四請司馬公。"願暫館於外, 得於交尋, 更入蓮花幕也." 許之。濟乃出。館於許氏。許氏伯仲三人。曰筬。曰篈。曰筠。以文鳴東海間。筬·筠皆擧壯元。筠更敏甚。一覽不忘。能誦東詩數百篇。於是濟所績日富。復得其妹氏詩二百篇。

　　　　　　　　　　-吳明濟 『朝鮮詩選』 「朝鮮詩選序」[1]

1) 허경진, 『허균연보』, 보고사, 2013, 68~69쪽.

오명제가 쓴 서문에 밝힌 것처럼, 그는 허균이 『난설헌집』을 간행할 때에 넣으려고 수집했던 시 200편을 모두 받았다. 따라서 현재 전해지는 『조선시선』에는 조선 시인 가운데 난설헌의 시가 가장 많이 실려 있다. 오명제가 편찬한 『조선시선』은 중국에서 간행된 첫 번째 조선시선집이다. 따라서 난설헌은 『조선시선』 간행을 계기로 해서 중국에서 조선 최고의 시인으로 알려지게 되었으며, 그 이후 중국에서 간행되는 여러 시선집에도 가장 많은 시가 실린 시인이 되었다.

서애 상공께 갑진년 8월

(상공께서) 신묘년(1591)에 작고한 누님의 시집 서문(序文)을 지어주셨으나, 제가 그것을 암송하지 못한 채 난리를 만나 분실하였으니 불민(不敏)한 죄를 어떻게 면하겠습니까.

요즘 어떤 사람이 그 서문이라고 하면서 보여 주기에, 읽어보니 딴 세대에 있었던 일과 같아 진본인지를 판별할 수 없었습니다. 삼가 기록하여 집사에게 바치오니, 노사(老師)께서 잘못된 곳을 바로잡아 주시는 것이 어떻겠습니까? 그윽이 책 첫머리에 올려서 간행하고 싶어서입니다.

남쪽으로 바라보니 멀기만 하여 마음에 있는 말을 다하지 못합니다. 삼가 바라건대, 도(道)를 위하여 몸을 잘 보중하소서. 두루 갖추지 못합니다.

上西厓相 甲辰八月

辛卯歲。辱製亡姊詩集序文以惠。筠不能誦。致失於亂日。其不敏之誅。焉可逭乎。近有人以序文見示者。看來如隔世事。不能辨

眞贗。謹錄呈記室。幸惟老師証其訛謬何如。切欲首簡。登之于梓
耳。南望悠悠。不盡所懷。伏惟爲道自珍。不具。

—許筠『惺所覆瓿藁』 卷20

명나라에 황태손(皇太孫)이 태어나자 기쁜 소식을 조선에 알리
기 위해 사신이 파견되었다. 진사시에 장원급제한 최고 문장가인
한림원 수찬(翰林院修撰) 주지번(朱之蕃)이 정사(正使)로 오게 되자,
조정에서는 그를 상대할만한 인물로 접반사(接伴使)를 선발하였
는데, 전례에 따라 원접사(遠接使)에 임명된 대제학 유근(柳根)이
허균을 종사관(從事官)으로 추천하여 함께 주지번을 맞이하였다.

요산군수로 재임하던 허균은 『하곡집』을 간행한 뒤에 토호(土
豪)를 징계한 일로 파직당해 마침 집에서 쉬고 있었는데, 1월 6일
에 의흥위 대호군(大護軍, 종3품) 직을 제수 받고, 21일 의주(義州)
로 출발하였다. 중국에서부터 난설헌의 시를 읽고 감탄하였던 주
지번이 3월 27일 허균에게 난설헌의 시에 대하여 물었다.

　　상사가 먼저 공강정(控江亭)에 이르렀기에 내가 뒤따라갔더
　니, 상사가 나를 불러들여 내 누님의 시에 대해 물었다. 누님의
　시집을 드렸더니, 상사가 이를 읽으며 칭찬해 마지않았다.
　　上使先到控江亭。余跟往。上使招余入。問家姊詩。卽以詩卷進。
　上使諷而嗟賞。

—卷十八「丙午紀行」

서울에서 선조(宣祖)에게 황제의 조서를 전달하고 외교적인 임
무를 마친 주지번이 중국으로 돌아가던 길에 벽제관에서 허균의

요청에 의해 『난설헌집』의 서문을 지어 주었다.

> (20일) 저녁에 우리 세 사람을 불러 만난 자리에서 『양천세고
> (陽川世藁)』의 서문과 돌아가신 누님의 시집 인(引)을 지어 주었
> 다. 이정(李楨)이 그린 불첩(佛帖)을 보고 좋아하며, '이런 그림은
> 중국에서도 드물다' 하고는 끝에 몇 마디 제(題)를 하여 주었다.
> 　二十日 … 夕招余三人相見。因製陽川世稿序及亡姊詩引以給。
> 見李楨畫佛帖愛之日。玆畫。中國亦罕矣。題數語于末簡以給。
> 　　　　　　　　　　　　　　　　　－卷十八「丙午紀行」

주지번이 지어준 서문은 그 동안 친필이 발견되지 않다가, 최
근에 친필 원고를 발견하였다. 친필 원고가 확인됨에 따라, 난설
헌을 조선 최고의 시인으로 칭찬한 내용이 허균이 과장한 것이
아니라 주지번이 실제로 그렇게 써주었음이 확인되었다.

> 규방의 여인이 아름다운 시를 지어내는 것은 역시 천지와 산
> 천의 신령스러운 기운이 뭉친 것이니, 억지로 할 수도 없고, 막
> 을 수도 없다. 한나라의 조대가(曹大家)는 (오라버니 반고를 대신
> 하여) 『한서(漢書)』를 완성시켜 자기 집안의 명성을 계승하였고,
> 당나라 (태종의) 서현비(徐賢妃)는 고구려 정벌을 간해서 영특한
> 군주를 감동시켰다. 이는 모두 대장부도 능히 이루기 어려운 일
> 인데 한 여인의 힘으로 처리했으니, 참으로 천고에 드문 일이라
> 고 할 수 있다. 여자들의 글이 실린 문헌을 낱낱이 다 헤아릴
> 수는 없지만, 슬기로운 천성과 신령스런 재주가 없어질 수는 없
> 으니, 이것이 순리이다. 바람이나 달을 읊조린 글이라고 어찌 없

어질 수 있으랴.

이제 허씨(許氏)의 『난설재집(蘭雪齋集)』을 보니 또한 티끌 세상 밖에서 나부끼는 것 같아, 빼어나면서도 화사하지 않고, 텅 빈 듯하면서도 뼈대가 분명하다. 「유선사(遊仙詞)」 등의 여러 작품은 당대의 시인이 지은 것이라 할 만하다.

생각건대 난설재의 본바탕은 쌍성(雙成)이나 비경(飛瓊)의 무리에 버금가는데, 우연히 바닷가 나라에 귀양와 있지만 봉호(蓬壺)와 요도(瑤島)를 떠나 있음이 한 줄기 허리띠와 같은 물줄기에 지나지 않는다. "백옥루가 한번 세워지니 난새가 전하는 편지로 부르심을 받고, 끊어진 글줄과 쓰다 남은 먹이 모두 구슬과 옥이 되었다"라는 글귀가 인간 세상에 떨어지니 길이 그윽하게 감상할 만하다. 어찌 숙진(叔眞)이나 이안(易安)의 무리와 같이 슬프게 읊조리고 고심하여 불평스런 속마음을 그려냄으로써 여러 아녀자들이 희희덕거리며 웃고 눈썹을 찡그리게 하겠는가.

허씨 집안에는 재사(才士)가 많아 형제가 모두 문장과 학문으로써 동국에서 존중받고 있는데, 남매의 의로써 그 원고가 겨우 남아 있는 것을 편집해서 전하고자 하니, 내가 훑어보고 두어마디 머리말을 써서 돌려보낸다. 이 시집을 보게 되면 내 말이 그릇되지 않음을 응당 알게 될 것이다.

만력 병오년 4월 20일에 주지번이 벽제관에서 쓰다.

閨房之秀。擷英吐華。亦天地山川之所鍾靈。不容施。亦不容遏也。漢曹大家成敦史以紹家聲。唐徐賢妃諫征伐以動英主。皆丈夫所難能而一女子辦之。良足千古矣。卽彤管遺編所載。不可縷數。乃慧性靈襟不可泯滅。則均焉。卽嘲風咏月。何可盡廢。以今觀於許氏蘭雪齋集。又飄飄乎塵埃之外。秀而不靡。沖而有骨。遊仙諸

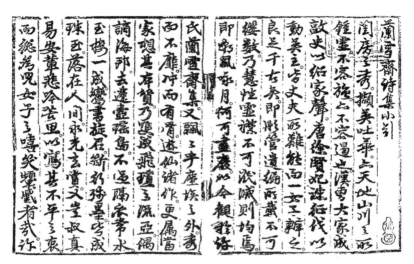

『난설헌집』 앞에 실린 주지번의 서문

作。更屬當家想其本質。乃雙成飛瓊之流亞。偶謫海邦。去蓬壺瑤
島。不過隔衣帶水。玉樓一成。鸞書旋召。斷行殘墨。皆成珠玉。落
在人間。永光玄賞。又豈叔眞易安輩悲吟苦思。以寫其不平之衷。而
總爲兒女子之嘻笑顰蹙者哉。許門多才。昆弟皆以文學重於東國。
以手足之誼。輯其稿之僅存者以傳。予得寓目。輒題數語而歸之。觀
斯集。當知予言之匪謬也。

　　萬曆丙午孟夏廿日。朱之蕃書於碧蹄館中。

－朱之蕃「蘭雪齋詩集小引」

　　허균은 이 글을 받은 뒤에 간행 준비를 끝내고, 1607년 12월
9일 공주목사로 임명되자 이듬해 4월 공주에서『난설헌집』을 간
행하였다.『난설헌집』뒤에 발문을 지어 붙이면서,『난설헌집』간
행에 관련된 모든 글들이 마무리되었다.

난설헌시집 발문

부인의 성은 허씨인데, 스스로 호를 난설헌이라 하였다. 균에게는 셋째 누님인데, 저작랑 김성립에게 시집갔다가 일찍 죽었다. 자녀가 없어서 평생 매우 많은 글을 지었지만, 유언에 따라 불태워 버렸다.

전하는 작품이 매우 적은데, 모두 균이 베껴서 적어 놓은 것이다. 그나마 세월이 오래 갈수록 더 없어질까 걱정되어, 이에 나무에 새겨 널리 전하는 바이다.

만력 기원 36년 4월 상순에 아우 허균 단보가 피향당에서 쓰다.

蘭雪軒詩集跋

夫人姓許氏自號蘭雪軒。於筠爲第三姊。嫁著作郎金君誠立。早卒無嗣。平生著述甚富。遺命茶毗之。所傳至尠。俱出於筠臆記。恐其久而愈忘失。爰災於木。以廣傳云。時萬曆紀元之三十六載孟夏上浣。弟許筠端甫。書于披香堂。

『난설헌집』 뒤에 실린 허균의 발문

3. 난설헌 사후에 추모한 글들

난설헌 사후에 추모한 글들은 대부분 『난설헌집』을 읽고 난 독후감 형태의 치운시(次韻詩)들이다.

1) 전라도 나주의 선비 시서 김선의 제시와 차운시

김선(金璇, 1568~1642)의 자는 이헌(而獻), 호는 지이자(之而子)와 시서거사(市西居士)이다. 1605년 사마시에 합격하였지만, 1610년에 성균관에 오현(五賢)을 배향(配享)하자고 주도적으로 상소문을 쓰고 광해군 난정에 맞서던 이원익(李元翼)을 구하는 일에도 앞장섰다가 성균관에서 삭적(削籍)되었다. 이 일을 계기로 과거시험에 응시하지 않았으며, 인조반정 이후에 참봉(종9품)이나 찰방(종6품)에 제수되었지만 역시 벼슬에 나아가지 않았다.

나주성 서쪽에 작은 정자를 짓고 오락정(五樂亭)이라는 편액을 달았는데, 정자가 서쪽에 있다고 하여 시서(市西)라는 호를 사용하였다. 그는 시 읽기와 짓기를 즐기고 당시(唐詩)를 특히 좋아하여, 조선중기 학당파(學唐派) 시인들의 시집을 많이 읽었으며, 그들의 시에 차운한 시도 많다.

『시서유고(市西遺稿)』 제1권에 "무료한 가운데 여러 문집을 열람하며 각기 6수씩을 차운하다[無聊中, 閱覽諸集, 仍各次六首.]"라는 소서(小序)와 함께 박순(朴淳)의 『사암집(思庵集)』, 최경창(崔慶昌)의 『고죽집(孤竹集)』, 백광훈(白光勳)의 『옥봉집(玉峯集)』, 임제(林悌)의 『백호집(白湖集)』, 이달(李達)의 『손곡집(蓀谷集)』, 허초희(許

楚姬)의 『난설재집(蘭雪齋集)』, 고경명(高敬命)의 『태헌집(苔軒集)』, 임형수(林亨秀)의 『금호집(錦湖集)』, 권벽(權擘)의 『습재집(習齋集)』, 청허당(淸虛堂), 송운선(松雲禪) 등의 시에 6수씩 차운하여 시를 지었는데, 서산대사와 사명대사를 제외한 대부분이 비슷한 시기 전라도에서 활동한 학당파 시인들이며, 사명대사의 율시 3수를 제외한 전체가 칠언절구에 차운한 것들이다.

이 가운데 특이한 경우가 바로 『난설헌집』에 차운한 시이다. 학당파 시인들은 전라도 출신이거나 전라도를 중심으로 활동하여 유명한 인물들이고, 서산대사의 사리를 모신 서산대사탑(보물 제1347호)이 전라도 해남군 대흥사에 있고, 사명대사는 임진왜란 중에 승병(僧兵)을 일으켜 전라도 순천왜성 전투에 승리하여 가선대부 동지중추부사(종2품)에 오른 인연이 있다. 『시서유고』에도 김선이 사명대사의 승전 소식을 듣고 반가워하며 지은 시문들이 실려 있다.

그러나 난설헌은 이들보다 나이도 어린데다가, 한국문학사에서 여성으로는 난설헌이 첫 번째로 시집을 간행했을 정도로 여성이 인정받지 못하던 조선중기에 아무런 관계도 없던 전라도 남쪽 끝의 선비 김선이 동쪽 끝 강릉에서 태어나 경기도 광주에서 조용히 시집살이를 하던 난설헌의 시집을 당대 최고의 시인들과 함께 선정하여 차운한 것은 특이한 사건이라고 할 수 있다. 김선이 중앙의 문단과 교류한 인물은 아니었으니, 어쩌다 구해본 『난설헌집』의 시가 너무 좋아서 개인적으로 차운했다고 볼 수밖에 없다. 시집을 소개하는 순서도 남성 시인들 끝에 덧붙이는 것이 아니라 이달의 『손곡집』 다음에, 전체적으로는 중간쯤에 배치하였다.

김선이 이때 『난설헌집』에서 차운한 시는 다음의 칠언절구 6
수이다.

'보허사'에 차운하여[次步虛詞韻]

신령스런 회오리를 겨드랑이에 끼고 교의(鮫衣)를 입었으며
푸른 봉황새를 재촉하여 달을 끼고 돌아가네.
저녁에 요지에서 베푼 서왕모의 연회를 마치자
팔하사(八霞司) 밖에서 푸른 복사꽃이 나는구나.
靈颷挾腋着鮫衣。催喚靑鸞帶月歸。
晚罷瑤池王母宴。八霞司外碧桃飛。[2]

김선이 차운하여 지은 난설헌의 원시 「보허사(步虛詞)」는 다음
과 같다.

아홉 폭 무지개 치마에 가벼운 저고리로
학을 타고 찬바람 내며 하늘로 돌아오네.
요지엔 달빛이 밝고 은하수도 스러졌는데
옥퉁소 소리에 삼색 구름이 날아오르네.
九霞裙幅六銖衣。鶴背冷風紫府歸。

---

[2] 김종섭 역, 『국역 시서유고(市西遺稿)』, 나주시, 2003, 194쪽.
국역본은 한시 원문 한 구절 옆에 번역문까지 함께 편집하였는데, 문장이 길어져
서 편집하기 불편하므로 원문을 번역문 아래에 두 구절씩 붙여 편집하였다. 『시서
유고』에는 아래 여섯 수가 이어서 실려 있는데, 여기에서는 난설헌의 시와 한 수씩
짝을 맞춰서 비교하기 위해 각각 떼어서 인용하였다.

瑤海月明星漢落。玉簾聲裏霧雲飛。3)

난설헌의 「보허사(步虛詞)」는 칠언절구 2수로 되어 있는데, 김선은 이 가운데 평성 의(衣)·귀(歸)·비(飛)의 미운(微韻)을 사용한 제2수에 차운한 것이다.

'청루곡'에 차운하여[次靑樓曲韻]
향긋한 물가에 대문 닫은 것이 겨우 몇 집인가?
누대의 앞에 앞뒤로 다섯 제후의 수레 이어지네.
선화방 안에서 횡당곡을 연주하면서
웃으며 놀러온 이 붙잡으며 손수 꽃을 꺾네.
門掩芳洲第幾家。樓前先後五侯車。
善和坊裡橫塘曲。笑挽遊郎手折花。

좁은 길에 색주가 십만 호가 잇달아
집집마다 골목에 수레가 늘어서 있네.
봄바람이 불어와 님 그리는 버들 꺾어버리고
말 타고 온 손님은 떨어진 꽃잎 밟고 돌아가네.
夾道靑樓十萬家。家家門巷七香車。
東風吹折相思柳。細馬驕行踏落花。

난설헌의 「청루곡(靑樓曲)」은 『난설헌집』에 「보허사(步虛詞)」

---

3) 허경진 역, 『허난설헌시집』, 평민사, 1999 개정증보판, 91쪽.
   이하 난설헌의 한시는 허경진 번역본에서 인용한다.

뒤에 이어서 실려 있는데, 평성 가(家)·차(車)·화(花)의 마운(麻韻)
을 사용하였다.

'출새곡'에 차운하여[次出塞曲]

북을 치고 징을 울리면서 변방 문을 나서니
깃발의 그림자는 언 눈에 들어가 펄럭이네.
오랑캐는 스스로 가을 말이 튼튼함을 자랑하면서
병사 거두고 대오를 나누어 평원에 진을 치네.
伐鼓鳴金出塞門。旌旗影入凍雪飜。
胡虜自矜秋馬健。收軍分隊陣平原。

선봉이 나팔 불며 진영을 나서는데
눈보라에 얼어붙어 깃발이 펄럭이지 않네.
구름 자욱한 사막 서쪽에 봉화 살펴보고는
밤 깊었는데도 기병들이 평원으로 달리네.

塞下曲

前軍吹角出轅門。雪撲紅旗凍不翻。
雲暗磧西看候火。夜深遊騎獵平原。

김선의 「차출새곡(次出塞曲)」은 난설헌의 「새하곡(塞下曲)」 연
작시 5수 가운데 제1수에 차운한 것이다. 김선은 『난설헌집』 칠언
절구에서 첫 수부터 차례로 차운하여 시를 지었는데, 이 다음에
실린 시가 「입새곡(入塞曲)」이기 때문에 앞의 시 「새하곡(塞下曲)」
을 「출새곡(出塞曲)」이라 생각하고 차운시에다 「차출새곡(次出塞

曲)」이라고 제목을 붙인 듯하다.

'입새곡'에 차운하여[次入塞曲]
새로 요계 지역의 열 세 고을을 거두니
깃발에 먼저 늙은 칸의 머리를 매다네.
만 리의 음산이 한 명의 위(尉)에게 귀속되니
압록강은 이로부터 편안하게 흐르리라.
新收遼薊十三州。牙纛先懸老汗頭。
萬里陰山歸一尉。灤河從此作安流。

화산 서쪽 열여섯 고을 새로 수복하고
말안장에 월지의 목을 매달고 돌아왔네.
강가에 나뒹구는 해골들 장사지내줄 사람도 없어
백리 모래밭에는 붉은 피만 흥건해라.
新復山西十六州。馬鞍懸取月支頭。
河邊白骨無人葬。百里沙場戰血流。

난설헌은 「입새곡(入塞曲)」도 5수 연작시로 지었는데, 김선은 그 가운데 제2수에 차운하여 시를 지었다.

'궁사'에 차운하여[次宮詞韻]
봄이 깊어 붉은 계수는 화장대에 넣어놓았는데
듣자니 소양전에서 옥가마가 왔다 하네.
홀로 추운 까마귀와 짝하고 해 그림자를 띠고 있는데
북궁의 물고기 모양 자물통을 누굴 위해 열까?

春深紅桂閉粧臺。聞道昭陽玉輦來。
獨伴寒鴉帶日影。北宮魚鎖爲誰開。

임금의 행차가 건장대로 납시자
육부의 풍악소리가 장악원에서 흘러나오네.
굽은 난간 향해서 북을 치게 하자
궁녀들이 대궐에 꽃 피었다고 아뢰네.

龍興初幸建章臺。六部笙歌出院來。
試向曲欄催羯鼓。殿頭宮女奏花開。

『난설헌집』에는 「입새곡(入塞曲)」 뒤에 「죽지사(竹枝詞)」 4수,
「서릉행(西陵行)」 2수, 「제상행(堤上行)」, 「추천사(鞦韆詞)」 2수 등
이 실려 있는데, 김선은 이 시들을 건너뛰어서 「궁사(宮詞)」에 차
운하여 시를 지었다. 아마도 이 시들이 사랑노래였기 때문에 피
한 듯하다. 난설헌의 「궁사(宮詞)」는 20수 연작시인데, 김선은 그
가운데 제2수에 차운하였다.

'유선사'에 차운하여[次遊仙詞韻]
옥비는 자하단에 오를 것을 재촉하고
단 주위의 아름다운 꽃은 이슬 기운이 차구나.
향긋한 소식이 봉도(蓬島)의 손님에게 전해지니
오운(五雲)이 나는 곳에 푸른 봉황을 몰고 가네.

玉妃催上紫霞壇。壇畔瑤花露氣寒。
芳信命傳蓬島客。五雲飛處策靑鸞。[4]

임금의 행차가 건장대로 납시자
육부의 풍악소리가 장악원에서 흘러나오네.
굽은 난간 향해서 북을 치게 하자
궁녀들이 대궐에 꽃 피었다고 아뢰네.
龍興初幸建章臺。六部笙歌出院來。
試向曲欄催羯鼓。殿頭宮女奏花開。

　『난설헌집』에는 「궁사(宮詞)」 뒤에 「양류지사(楊柳枝詞)」 5수,
「횡당곡(橫塘曲)」 2수, 「야야곡(夜夜曲)」 2수 등이 실려 있는데, 김
선은 이 경우에도 여성 화자가 지은 이 시들을 건너뛰어 「유선사
(遊仙詞)」에 차운하였다. 난설헌이 지은 유선사(遊仙詞)」는 칠언절
구 87수 연작시인데, 김선은 이 가운데 제5수에 차운하여 시를
지었다.
　『시서유고』에서 특별한 시는 김선이 지은 「제난설재후(題蘭雪
齋後)」이다. 『난설헌집』은 첫 장에 실린 주지번의 서문 제목이 「난
설재집소인(蘭雪齋集小引)」이어서 『난설재집』이라는 표제(標題)로
도 유통되었다. 『난설재집』 뒤에 쓴 시이니, 편집자나 필사자가
책 뒤에 쓰는 발문(跋文)과는 달리 일종의 독후감이며, 김선이 어
떤 방식으로든 『난설재집』을 얻어보고 그 책 뒤에 직접 이 시를
썼다는 뜻이다.

---

4) 김종섭 역, 『국역 시서유고(市西遺稿)』, 나주시, 2003, 196쪽.
　여기까지 6수가 김선이 난설헌 시에 차운하여 지은 시들이다.

『난설헌집』의 뒤에 제하여

허씨 집안에 여인이 있으니 가장 맑고 빼어나
난설헌의 시는 마치 귀신이 말하는 듯.
비단 같은 구절 비록 문사들의 귀를 놀래키지만
옷을 지어 남편을 봉양함이 더 나으리.

題蘭雪齋後

許家有女最淸秀。蘭雪詩如語鬼神。
繡句縱驚文士耳。不如蠶織奉南蘋。[5]

　김선은 칠언절구인 이 시의 첫 구절에도 압운하지 않을 정도로, 성률(聲律)에 매인 시인은 아니었다. 마지막 구절의 "봉남빈(奉南蘋)"은 출전이 불명확하다. '남(南)' 자가 '남(男)' 자였다면 현재 번역처럼 번역할 수도 있겠지만, 그래도 '남빈(南蘋)'이라는 어휘 용례가 고전 문헌에서 보이지 않기 때문에 정확하게 번역할 수 없어서 아쉽다.

　김선이 『난설재집』의 「제사(題辭)」를 생각하면서 칠언절구로 지었는데, 오문장가 집안에서 난설헌이 가장 뛰어난 시인이고, 난설헌의 시는 세속을 초월한 선계(仙界)의 노래가 많으며, 모든 문사들을 경탄케 한다고 극찬하였다.

---

5) 같은 책, 21쪽.

2) 담정 김려가 유배지에서 연인을 난설헌과 비교한 시

천주교 관련 죄로 함경도 부령에 유배되었다가 경상도 진해로 유배지가 옮겨진 담정(潭庭) 김려(金鑢)는 부령에 두고 온 애인 연희(蓮姬)를 진해에서 그리워하며, 연희를 하곡 허봉의 누이 난설헌 다음 가는 여성 시인으로 평가하였다.

그대 무엇을 생각하나 12

그대 무엇을 생각하나.

저 북쪽 바닷가라네.

동방의 이름난 여인이 수십 명인데

문장으론 하곡(荷谷)의 누이를 첫손에 꼽지.

연희가 지은 시는 위강(衛姜)과 비슷해

탁문군이나 왕장보다 훨씬 나았지.

앵무 같은 정신에다 나비 같은 혼을 지녀

빙설 같은 모습에다 비단결 같은 마음씨를 지녀,

장백산 정기가 맑고 맑아서

이천 년간 꽃봉오리 하나를 길러냈네.

연희는 참으로 하늘의 선녀건만

어찌 외진 변방에만 묻혀서 지내나.

問汝何所思 12

問汝何所思。所思北海湄。

東方名媛數十輩。詞翰先稱荷谷妹。

蓮姬爲詩似衛姜。直過文君與王嬙。

鸚鵡精神蛺蝶魂。氷雪容貌錦繡腸。

年拾實充微腹今日但見花開時閒花結子應爛熟

蓮姬樓東井上有櫻桃處寧古檢歌詩甚美名牛眼

問汝何所思所思北海湄六七冠童并天蠕南氏之

子才獨標擢龍淵游磨紙大字淋漓波瀾起假似

減肉少添酒方豪雄思過莊田子稟性直似籥簞有

時飲酒方豪雄思若悱惻不可見悵心徒懍懍

兩生酒豪雄字鼷雯近來菩提者

問汝何所思所思北海湄九停遷下朴漢紀家世翹

楚清門子案篝七篇鄒聖書呼噫吃吃窮三儉元來

菩薩在融會何必多方滿五車慚伐索居獨無伴遷

薄庭藁 卷五 恩誦樂府

三　一

門越日喜祚著舊雨亦來新雨來肯數秋泥路漫迦

九停還地幸漢泥名鎮

雨其父洪圭府君也

問汝何所思所思北海湄城裏人家二百戶車牙兵

哨力如虎城門烏鞬舊鬪時牙唶隻手挽止之牛怒

觸囊裂紉髮縫襲皮牙唶與我最相好有

酒盈樽軷來造自言當日縫襲罷張羅飛走長楸道

狂喜雄余以虔字東紀得道從弟韻弘後○

九州名以虔字東紀得道從弟韻弘後

問汝何所思所思北海湄東方名姝數十韋詞翰先

稻荷谷妹蓮姬爲詩似衛姜直過文君與王嫱鸚鵡

精神蛺蝶魂氷雪容貌錦繡腸長白之山氣清淑二

薄庭藁 卷五 恩誦樂府

四　一

行杏下繞齊肩人生離別今如此樹木尋常詎堪憐

蓮姬幷幼有隱地輕種種丹杏去年梨樹奈

種丹杏去年梨樹奈始婚姻

問汝何所思所思北海湄去年清市慶源店勃哥堆

人賣白獺開是寧古神癸種趒捷如飛點且勇養來

數月沐下窩霜毛覆頷雙耳諫金吾郎官下來日攘

忽哀鳴繞我膝翻然回走向北去儆望寒山永相失

慶郡都護府在寧古塔城北三百里滿人

間市處湔濡珩在寧古墉地名產寒

千年間英華毓蓮姬蓮姬真天仙胡爲屈沒沉遊埃

鄙荷谷姊妹各菱嫂字嫂樊閨雲

唭娉嫂詩卽果訂于世後白頭北胎山

問汝何所思所思北海湄自去自來堂上燕歲歲年

年還刊見南州遷客賢如霜庭落漾塵垺重門

深掩無人問只與燕子長鷦傍世事翻覆邦可論合

春忽嗅鎮海飯北燕不逢南燕逢奔聲踟蹰空愁悶

問汝何所思所思北海湄碧碾文鵞覆石井井南紅

梨梨南杏梨曾蓮姬囊時培杏是蓮老去年栽梨能

結子杏能花子映丹唇花映腮我立梨傍巳過顚姬

薄庭藁 卷五 恩誦樂府

四

長白之山氣淸淑。二千年間英華毓。

蓮姬蓮姬眞天仙。胡爲屈沒沉邊墺。許荷谷蚌妹名楚姬字景樊。

號蘭雪軒。善詩。有集行于世。長白關北祖山。

　　　　　　　　　　　　　　　　　－金鑢 『藫庭遺藁』 卷五 「思牗樂府」 上6)

　문군(文君)은 한나라 부자 탁왕손(卓王孫)의 딸인데, 한때 과부
로 살고 있었다. 가난한 문장가 사마상여가 거문고를 타면서 사
랑을 전하자, 그 거문고 소리에 반하여 밤중에 사마상여의 집으
로 달려갔다. 탁문군이 사마상여의 아내가 되었지만 아버지가
결혼을 반대하였기 때문에, 그들 부부는 술집을 차리고 장사하
였다. 결국은 탁왕손이 이들의 결혼을 인정하고, 살림을 차려 주
었다. 나중에 사마상여가 무릉의 여인을 첩으로 맞아들이려 하
자, 탁문군이 그를 원망하며 「백두음(白頭吟)」을 지었다. 사마상
여가 그 시를 보고 자기의 잘못을 뉘우치며, 첩 맞아들이기를 단
념하였다.

　왕소군(王昭君)은 한나라 원제(元帝)의 궁녀인데, 이름은 장(嬙)
이고 소군은 그의 자이다. 후궁 가운데 가장 예뻤지만 화공(畫工)
에게 뇌물을 주지 않았기에 원제의 눈에 띄지 않았다. 흉노 호한
선우(呼韓單于)가 미인을 구하였으므로, 황제는 그를 주었다. 왕소
군은 융복(戎服)에 말을 타고 비파를 들고 변방을 나갔는데, 끝내
흉노땅에서 죽었다.7)

---

6) 허경진, 『담정 김려 시선』, 보고사, 152쪽.

김려는 연희의 시가 탁문군이나 왕소군보다 훨씬 낫다고 칭찬하였는데, 문맥을 보면 하곡의 누이 난설헌을 첫손에 꼽았으니 연희가 그 다음에 든다는 뜻이다. 연희도 난설헌 같은 하늘의 선녀인데, 함경도 땅에 묻혀 사는 것을 안타까워하면 지은 시이다.

3) 자하 신위의 「동인논시(東人論詩)」

자하(紫霞) 신위(申緯)는 우리나라의 대표적인 시인들을 35명 뽑고, 그들의 시 가운데 대표적인 구절을 넣어서 칠언절구를 지어 평하였다. 그 가운데 30번째 시인이 바로 난설헌인데, 여성으로는 유일하게 뽑혔다.

> 규방의 여인들 이름 떨치길 꺼리는데
> 난설헌은 세상에서 칭찬과 모욕이 분분해라.
> 부용꽃 스물일곱 송이 붉게 떨어지는데
> 돌아갈 길 광한전을 웃으며 가리키네.
> 난설헌 허씨는 규수 가운데 으뜸이다. 중국 사람들도 난설헌의 문집을 다투어 사들였다. 홍경신이나 허적 같은 사람들이 "난설헌의 시 가운데 두세 편 밖에는 모두 다른 사람들이 지은 것이다. 「백옥류상량문」도 또한 허균이 지었다."고 말하지만 우스운 일이다. 허균이 『학산초담』에서 이렇게 말하였다. "누님이 평일에 꿈을 꾸고는 시를 지었는데, '푸른 바닷물이 구슬 바다에 스며

---

7) 같은 책, 153쪽.

其二十九
白首若吟成進士。微官不及右文時。直将郊島爭寒
慶一段秋光欲葇詩。

其三十
閨媛亦忌盛名中蘭雪人間議異同紅墮芙蓉三九
采瑤程笑指廣寒宮。

其三十一
王李頹沒日渐東當時摹擬变成風性情流出於何
見只好千家軌轍同

其三十二
暮雲残雪是何山。驢背詩人兀睡寒。歎息當時壺谷
老。竟遺明月滿珠瀾。

警修堂全藁　册十七

신위가 「동인논시」에서 유일하게 꼽은 여성시인 난설헌

들고 / 푸른 난새가 채색 난새에게 기대었구나. / 부용꽃 스물일곱 송이가 붉게 떨어지니 / 달빛이 서리 위에서 차갑기만 해라. / 세상을 떠날 때에 나이가 스물일곱이었으니, 마치 삼구(三九)의 수(數)가 들어맞은 것 같다. 길고 짧음이 이미 정해져 있으니, 커다란 운수를 어찌 벗어날 수 있으랴?"

閨媛亦忌盛名中。蘭雪人間議異同。

紅墮芙蓉三九朵。歸程笑指廣寒宮。

蘭雪軒許氏。爲閨媛中第一。中朝人爭購其集。洪慶臣，許禍皆言蘭雪詩二三篇外。皆他人作。白玉樓上梁文。亦筠所撰云。可笑。鶴山樵談。姊氏平日有夢中詩曰。碧海侵瑤海。青鸞倚彩鸞。芙蓉三九朵。紅墮月霜寒。及上昇。享年二十七。恰符三九之數。修短之前。豈可逭乎。　　－申緯『警修堂全藁』册17「東人論詩」10

4) 연파(蓮坡) 김진수의 「연경잡영」

1832년 연경(燕京)에 다녀왔던 김진수(金進洙, 1797~1865)가 연경(燕京)에서 보고들은 이야기들을 칠언절구 80수로 지어 「연경잡영(燕京雜詠)」이라는 연작시로 편집했는데, 그 가운데 제37수에 난설헌에 대한 자부심이 드러난다.

비경은 본래 선녀라서[飛瓊元是女兒仙]

비경(飛瓊)은 본래 선녀라서
스물일곱 해 뒤에 은하수서 소겁(小劫) 보내네
백옥루 완성되어 잔치를 베풀 때
벽도화는 창 앞에 예전처럼 피었다네
飛瓊元是女兒仙。小劫紅墻廿七年。
白玉樓成催侍宴。碧桃花發舊窓前。

자주(自註) : 허난설헌의 시에 대해 주지번(朱之蕃)이 서문을 써 이르기를, "그 근본과 바탕을 생각해 보니 바로 쌍성(雙成)과 비경의 무리이다. 우연히 바닷가 구석진 나라[海邦 조선]에 유배되었다가, 백옥루가 겨우 완성되어 난서(鸞書)로 급히 부르자 단행하여 남긴 글이 인간 세상에 떨어져 있게 되었다."라고 하였다.

홍장(紅墻)은 이상은(李商隱)의 시에서 "본래 은하수는 붉은 담장이라네." 되어 있다.

스물일곱 해는 난설헌이 꿈에서 지었다는 시[夢遊詩]와 관련되어 있다. 난설헌의 「몽유시(夢遊詩)」에 "푸른 바다는 요해를 침범하고, 푸른 난새는 채색 난새를 의지하네. 부용꽃 스물일곱 송이가, 빨갛게 떨어지니 달빛이 차가웁다."라 하였는데, 주에 이르기

를, "누이가 세상을 뜰 적에 이때의 나이가 스물일곱이었으니 '스
물일곱 송이가 빨갛게 떨어진다.'는 말이 징험되었다."라 하였다.

　백옥루(白玉樓)에 대해서는 「광한전백옥루상량문」이 전한다.

　시평(詩評) : 표연히 세속을 벗어났다.[8]

　이 시에 나오는 비경(飛瓊)은 전설 속의 선녀 허비경(許飛瓊)을
가리킨다. 신선인 서왕모(西王母)가 한나라 무제(武帝)와 연회를
함께 할 때 시녀인 허비경에게 진령(震靈)의 피리 음악을 연주하게
하였다 한다는 이야기가 『한무제내전(漢武帝內傳)』에 전한다.

　주지번이 난설헌의 시를 처음 보고 서문을 지으면서 "그 근본
과 바탕을 생각해 보니 바로 쌍성(雙成)과 비경의 무리이다. 우연
히 바닷가 구석진 나라[海邦 조선]에 유배되었다가, 백옥루가 겨우
완성되어 난서(鸞書)로 급히 부르자 단행하여 남긴 글이 인간 세상
에 떨어져 있게 되었다."라고 하였는데, 김진수가 청나라에 연행
사 수행원으로 왔다가 연경(燕京)에서 난설헌의 진가(眞價)를 인식
하고 이 시를 지어서 평한 것이다.

　난설헌을 흠모하는 김진수의 시는 「연경잡영(燕京雜詠)」 제38
수에서도 계속 된다.

요대에서 달 맞으려[候月瑤坮]

　요대(瑤臺)에서 달 맞으려 봉황 수레 멈추니

---

8) 김진수 : 『벽로후집(碧蘆後集)』 권2 「연경잡영(燕京雜詠)」 80.

보허 소리가 채색 구름 비낀 곳을 뚫고 들리네.

시인으로 이름 전하는 걸 싫어했지만

두 나라의 역사 기록이 대가(大家)로서 찬미했네.

候月瑤坮住鳳車。步虛聲徹彩雲斜。

應嫌詞客傳名字。兩國彤毫贊大家。

자주(自註) : 시의 거장(巨匠) 허혼(許渾)이 일찍이 꿈에 산을 올라가니 궁실이 구름 위로 솟아 있었는데, 사람들이 이를 '곤륜(崑崙)'이라 하였다. 이윽고 들어가서 보니 몇 사람이 막 술을 마시고 있었는데, 그를 불러서 새벽이 되어서야 파하였다. 그래서 시를 읊어 "새벽에 요대(瑤坮)에 들어가니, 이슬 기운 맑은데, 좌중에는 오직 허비경(許飛瓊)만 있구려. 속된 마음 못 끊고 세속 인연 남았는데, 십 리 길 산 아래에 부질없이 달만 밝네."라 하였다. 다른 날 다시 꿈속에서 그곳에 이르니 비경이 말했다. "그대는 어떤 연유로 인간 세상에서 내 이름을 밝히셨나요?" 허혼은 이에 그 자리에서 시의 제2구를 고쳐 "천상에서 바람 불어 보허(步虛)의 소리가 들리는구나."라 하였다.

대가(大家)에 대해서는 후한(後漢)의 『열녀전(列女傳)』에 실려 있다. 조세숙(曹世叔)의 처이자 반표(班彪)의 딸은 박학하고 재주가 뛰어났다. 오빠인 반고(班固)가 『한서(漢書)』를 짓다가 8편의 표(表)와 「천문지(天文志)」를 다 마치지 못하고 죽자 화제(和帝)가 반소(班昭)에게 조서를 내려 뒤를 이어 완성하게 하였다. 여러 차례 불러 입궁시키고 황후 및 여러 귀인(貴人)들의 스승이 되게 하였기에 '대가'로 불리었다.

시평(詩評) : 허난설헌의 「유선사(遊仙詞)」 100수는 화예부인(花蕊夫人)의 「궁사(宮詞)」 100수와 함께 '대가'라 일컬을 만하다.

제3구 '역사 기록'의 원문인 '동호(彤毫)'는 붉은색 자루의 붓으로, 역사를 기록하는 붓을 뜻한다. 여기서는 허난설헌의 시재(詩才)에 대해 조선과 중국에서 모두 기록했다는 뜻으로 썼다. 허혼이 시의 제2구를 고쳐 "천상에서 바람 불어 보허(步虛)의 소리가 들리는구나."라고 하였다는 내용은 『태평어람(太平御覽)』 권70 인용주(引用註)에 실려 있다.

오대(五代) 때에 화예부인(花蕊夫人)으로 칭해진 인물은 모두 3명인데, 김진수가 말하는 화예부인은 전 촉주(前蜀主) 왕건(王建)의 후궁인 숙비(淑妃) 서씨(徐氏, 883~926쯤)로 보인다.

5) 도곡(陶谷) 이의현의 「도협총설」

명나라에 두 차례나 사신으로 다녀오면서 수천 권의 책을 구입해 왔던 이의현(李宜顯, 1669~1745)은 대제학(大提學)을 지내면서 중국 문단에도 정통했던 문인인데, 「도협총설(陶峽叢說)」에서 중국 문단의 난설헌 평가를 이렇게 전하였다.

　　명나라 사람들은 우리 해동(海東)의 시를 매우 좋아하였는데, 이 가운데서도 더욱 허경번(許景樊)의 시를 칭송하여, 시를 선별하는 자들이 허경번의 시를 기재하지 않은 자가 없었다. 청나라 사람인 송락(宋犖)은 허경번이 지었다고 들은 「백옥루상량문(白玉樓上樑文)」을 얻어 보지 못함을 한스러워하고, 이 글을 모의하여 지은 것이 그의 문집 가운데 있으니, 그의 사모하고 숭상함을 알 수 있다.

　명나라 만력(萬曆) 연간에 남방위(藍芳威)란 자가 대사마(大司馬)를 따라 동쪽으로 왔다가 우리 해동의 시를 채집하여 모아 6편을 만들고 이름을 『조선시선전집(朝鮮詩選全集)』이라고 하였는데, 기자(箕子)의 「맥수가(麥秀歌)」로부터 시작하여 허경번의 시까지 모두 6백 수를 실었다.

　『열조시집(列朝詩集)』에서는 1백 7십 수를 뽑아 수록하고, 『명시종(明詩綜)』에서는 1백 3십 6수를 뽑아 수록하고, 『명시선(明詩選)』에서는 3수를 수록하고, 『시귀(詩歸)』에는 2수를 수록하였는데, 경번의 시가 이 가운데에 모두 들어 있다.

　명나라와 청나라 문인들이 난설헌의 시를 좋아하고 높이 평가하여 여러 시선집에 많이 수록하였는데, 특히 가장 방대하고 화려한 규모의 「백옥루상량문(白玉樓上樑文)」을 차운한 시인까지 있을 정도로 사랑받았음을 알 수 있다.

6) 매천(梅泉) 황현의 「독국조제가시」

　1910년 국권(國權)이 박탈되는 치욕을 이기지 못해 자결한 순국시인(殉國詩人) 매천(梅泉) 황현(黃玹)도 난설헌의 시를 높이 평가하여, 『매천집(梅泉集)』권4 「정미고」에 실린 「독국조제가시(讀國朝諸家詩)」에서 이렇게 평하였다.

　초당의 집안 세 그루 보배나무 가운데
　제일가는 신선 재주는 경번이었네.

티끌 세상에 오래 머물지 못할 것을 알았는지

부용이 처량하게 달빛 서리 흔적을 띠었구나.

三株寶樹草堂門。第一仙才屬景樊。

料得塵寰難久住。芙蓉凄帶月霜痕。

　　마지막 세대의 시인까지도 난설헌을 높이 평가할 정도로, 난설
헌은 모든 시대의 후배 시인들로부터 인정받았으며, 그들이 난설
헌을 위하여 시를 지어 주었다.

황현이 초당의 3자녀 가운데 난설헌을 으뜸으로 꼽았다.

4. 난설헌 시를 6편이나 인용한 한문소설 『포의교집』

『금오신화』를 비롯한 한문 전기소설에는 한시가 많이 실려서
서사구조를 뒷받침하고 있다. 마치 완판본 『열녀춘향수절가』에
다양한 형태의 삽입시가 실려 있는 것과 같은 형태이다. 그러나
조선 후기 한문소설에 오면 『구운몽(九雲夢)』같이 뛰어난 시인이
창작한 한문소설 외에는 한시를 많이 실은 소설이 별로 나타나지
않았는데, 특별히 『포의교집(布衣交集)』이라는 한문소설에 한시
가 많이 실렸다.

규장각본 『포의교집(布衣交集)』은 한양 중심가에 사는 남녀 사
이의 사랑 이야기로 널리 알려져 이미 번역본도 나오고,9) 관련
논문도 10여 편이나 발표되었는데, 이 가운데 하성란의 논문 「『布
衣交集』의 삽입시 연구」에서 난설헌 한시가 6편이나 차용된 사실
을 소개하였다.10)

학자들이 『포의교집』이 전기소설의 양식을 계승 변용하였다고
인정하는 데에는 '삽입시'가 결정적 역할을 했다. 『포의교집』이
삽입시 없이 산문으로만 구성되었다면 이 작품은 한문소설·세태
소설로 분류되었을 것이다. 그만큼 『포의교집』에서 삽입시는 작
품을 이루는 중요한 골격이며, 작품의 장르적 성격을 규정하는데

---

9) 김경미·조혜란 역주, 『19세기 서울의 사랑−절화기담, 포의교집』, 여이언, 2003.
   하성란, 『포의교집』, 지식을 만드는 지식, 2016.
10) 하성란, 「『布衣交集』의 삽입시 연구」, 『한국문학연구』 38집, 동국대학교 한국문
   학연구소, 2010.

매우 중요한 요소이다.[11)]

『포의교집』에는 35편의 시가 삽입되어 있는데, 하성란은 이 가
운데 6편이 허난설헌의 시를 차용한 것이라고 밝혀냈다.

> 삽입시의 대다수가 전거(典據)를 갖고 있다. 먼저 초옥의 시를
> 살펴보자. 이생이 보낸 이청련의 사를 보고 초옥이 보낸 편지에
> 달린 2편의 시 중에 첫 번째 시는 『상사동기(想思洞記)』의 칠언
> 절구 5수 중에 일부를 가져온 것이고, 두 번째 시는 허난설헌(許
> 蘭雪軒)의 「효심아지체(效沈亞之體)」를 차용한 것이다. 이외에도
> 초옥이 이생에게 보낸 첫 번째 시는 각각 허난설헌의 「소년행(少
> 年行)」·「견흥(遣興)」을, 도선암에 있는 이생에게 보낸 시 두 편
> 은 각각 「기하곡(寄荷谷)」·「기녀반(寄女伴)」을, 초옥이 이생에게
> 준 주머니 속에 있던 시는 「견흥(遣興) 7」을 차용한 것이다. …
> 이를 정리해보면, 초옥의 시 14편 중에 허난설헌의 시 6편, 『상
> 사동기』의 시 1편, 장자의 시 1편이 차용되었다.[12)]

허난설헌의 시 6편은 『포의교집』 소설에 다음과 같은 순서로
실려 있다.[13)]

---

11) 같은 논문, 193~194쪽.

12) 같은 논문, 199쪽.

13) 번역문은 허경진 옮김, 『허난설헌 시집』, 평민사, 1999 개정증보판에서 인용하
   였다.

1) 초옥이 보낸 편지에 실린 두 번째 시 「효심아지체」

심아지(沈亞之)는 당나라 시인으로, 자는 하현(下賢)이다. 한유 (韓愈)에게서 시를 배웠는데, 『심하현집』이 남아 있다. 먼저 허난 설헌이 지은 시의 원문부터 소개한다.

심아지 체를 본받아

1.

긴 낮의 햇볕이 붉은 정자에 비치고
맑은 물결이 파란 못을 거둬가네.
버들 늘어져 꾀꼬리 소리 아름답고
꽃이 지자 제비들 조잘대네.
진흙길이 질어서 꽃신 묻히고
머리채 숙이자 옥비녀 반짝이네.
병풍을 둘러 비단요 따스한데
봄빛 속에서 강남꿈을 꾸네.

效沈亞之體

遲日明紅榭。晴波斂碧潭。
柳深鸎睍睕。花落燕呢喃。
泥潤埋金屐。鬟低膩玉箴。
銀屛錦茵暖。春色夢江南。

2.

봄비에 배꽃은 하얗게 피고
새벽 되도록 촛불이 밝구나.

우물가 갈가마귀는 날이 밝자 놀라 날아가고
대들보 제비도 새벽 바람에 깜짝 놀라네.
비단 휘장 처량해 걷어치웠더니
침상은 쓸쓸하게 비어 있구나.
구름 수레에 학 타고 가는 듯한데
다락 동쪽에 은하수가 고와라.

又

春雨梨花白。宵殘小燭紅。
井鴉驚曙色。梁燕怯晨風。
錦幙凄凉捲。銀床寂寞空。
雲軿回鶴馭。星漢綺樓東。

「효심아지체(效沈亞之體)」 2수는 허난설헌의 오언율시 「심아지
의 시를 본떠 짓다[效沈亞之體]」 가운데 앞의 6구를 몇 글자 고쳐
옮기고, 마지막 두 구만 새로 지은 것이다. 제2수를 예로 들면 정
아(井鴉)가 서아(棲鴉)로, 마지막 두 구절은 "호아양파객(呼我楊婆
客) 방명타일륭(芳名他日隆)"으로 고쳤는데, 문장이 자연스럽지 못
하다.

2) 초옥이 이생에게 보낸 첫 번째 시 「소년행」과 「견흥」

젊은이의 노래
젊은이는 신의를 소중히 여겨
의협스런 사내들과 사귀어 노네.

구슬 노리개를 허리에 차고
비단도포에는 쌍기린을 수놓았네.
조회를 마치자 명광궁에서 나와
장락궁 언덕길로 말을 달리네.
위성의 좋은 술 사 가지고서
꽃 속에서 노닐다 해가 저무네.
황금 채찍으로 기생집에서 자며
놀기에 정신 팔려 나날 지새네.

『포의교집』에서 옛시를 본받는 체[效古體]라고 하였지만,
난설헌의 시를 세 글자만 고치고 그대로 가져다 썼다.

그 누가 양웅을 가련타 하랴
문 닫고 들어앉아 「태현경」이나 짓고 있으니.

少年行

少年重然諾。結交遊俠人。
腰間玉轆轤。錦袍雙麒麟。
朝辭明光宮。馳馬長樂坂。
沽得渭城酒。花間日將晚。
金鞭宿倡家。行樂爭留連。
誰憐楊子雲。閉門草太玄。

위에 보이는 난설헌의 시 「소년행(少年行)」에서는 치마(馳馬)를 주마(走馬)로, 쟁유련(爭留連)을 장유련(長留連)으로, 폐문(閉門)을 폐호(閉戶)로 고쳤는데, 뜻은 비슷하지만 소설에서 고친 표현이 더 나아진 것은 아니다.

회포를 풀다

오동나무 한 그루가 역양에서 자라나
차가운 비바람 속에 여러 해를 견뎠네.
다행히도 보기 드문 장인을 만나
베어다가 거문고를 만들었네.
다 만든 뒤 한 곡조를 타보았건만
온 세상에 알아들을 사람이 없네.
이래서 「광릉산」 묘한 곡조가
끝내 전치 않고 말았나 보네.

遣興

梧桐生嶧陽。幾年傲寒陰。

幸遇稀代工。劚取爲鳴琴。

琴成彈一曲。擧世無知音。

所以廣陵散。終古聲堙沈。

3) 도선암에 있는 이생에게 보낸 시 두 편 「기하곡」과 「기녀반」

『포의교집』에서 초옥이 이생(李生)에게 보낸 오언절구 2수는
난설헌의 시 「기하곡(寄荷谷)」과 「기녀반(寄女伴)」을 가져다가 몇
글자씩만 고쳐 사용한 것이다. 제1수는 난설헌의 「기하곡」을 가
져온 것인데, 원래의 작품은 다음과 같다.

오라버니 하곡께

어두운 창가에 촛불 나직이 흔들리고

반딧불은 높은 지붕을 날아서 넘네요.

깊은 밤 시름겨워 더욱 쌀쌀한데

나뭇잎은 우수수 떨어져 흩날리네요.

산과 물이 가로막혀 소식도 뜸하니

그지없는 이 시름을 풀 길이 없네요.

청련궁 오라버니를 멀리서 그리노라니

산속엔 담쟁이 사이로 달빛만 밝네요.

寄荷谷

暗窓銀燭低。流螢度高閣。

悄悄深夜寒。蕭蕭秋葉落。

關河音信稀。端憂不可釋。
遙想靑蓮宮。山空蘿月白。

　난설헌이 지은 이 시를 『포의교집』의 작가가 제5구부터 제8구까지 네 구절을 옮겨오면서, 소설의 상황에 맞게 몇 글자를 고쳤다. 허봉이 사숙하던 당나라 시인 이백(李白)의 호가 청련(靑蓮)이므로 오라버니가 유배가 있던 함경도 갑산의 거처를 도교(道敎)의 도관(道觀) 분위기에 맞게 청련궁(靑蓮宮)이라고 표현했는데, 소설 속에서는 이생이 머물던 도선암을 가리킨다. 음신희(音信稀)를 음신단(音信斷)으로, 청련궁(靑蓮宮)을 청련암(靑蓮菴)으로 고쳤는데, 도선암을 가리키려고 청련암이라 고친 것이다.

　이생에게 보낸 제2수는 난설헌의 「기녀반(寄女伴)」을 고친 것인데, 난설헌이 원래 지은 시는 아래와 같다.

처녀적 친구들에게
예 놀던 길가에 초가집 짓고서
날마다 큰 강물을 바라만 본다.
거울에 새긴 난새는 혼자서 늙어가고
꽃동산의 나비도 가을 신세란다.
쓸쓸한 모래밭에 기러기 내리고
저녁비에 조각배 홀로 돌아오는데,
하룻밤에 비단 창문 닫긴 내 신세니
어찌 옛적 놀이를 생각이나 하랴.

寄女伴

結廬臨古道。日見大江流。

鏡匣鸞將老。花園蝶已秋。

寒沙初下鴈。暮雨獨歸舟。

一夕紗窓閉。那堪憶舊遊。

『포의교집』의 작가는 이 시의 제3-4구와 제7-9구를 옮겨다가
오언절구로 만들었다.

4) 초옥이 이생에게 준 주머니 속에 있던 시 「견흥 7」

『포의교집』의 작가는 편지를 상징하는 쌍잉어의 모티브를 활
용하기 위해 난설헌의 오언율시 「견흥(遣興)」을 가져왔다. 「견흥」
의 원문은 다음과 같다.

님의 편지를 받고서

멀리서 손님이 오시더니

님께서 보냈다고 잉어 한 쌍을 주셨어요.

무엇이 들었나 배를 갈라서 보았더니

그 속에 편지 한 장이 있었어요.

첫마디에 늘 생각하노라 말씀하시곤

요즘 어떻게 지내느냐 물으셨네요.

편지를 읽어가며 님의 뜻 알고는

눈물이 흘러서 옷자락을 적셨어요.

遣興 又
有客自遠方。遺我雙鯉魚。
剖之何所見。中有尺素書。
上言長相思。下問今何如。
讀書知君意。零淚沾衣裾。

예부터 잉어는 편지를 뜻하는 말로 쓰였으며, 배를 가른다는 말은 편지 봉투를 뜯는다는 표현이다. 소(素)는 흰 편지지이니, 척소서(尺素書)는 길이가 한 자나 되는 긴 편지이다.

『포의교집』의 작가는 유아(遺我)를 유첩(遺妾, 첩에게 주다)로, 하문(下問)을 하언(下言)으로, 금하여(今何如)를 구이거(久離居)로, 영루(零淚)를 쌍루(雙淚)로, 첨(沾)을 첨(添)으로 고쳤다. 큰 뜻은 비슷하지만, 같은 뜻이라도 상언(上言), 하언(下言)처럼 같은 글자를 반복하는 것보다는 난설헌이 쓴 것처럼 상언(上言)과 하문(下問)으로 쓰는 것이 지루하지 않고 자연스럽다.

5. 상촌 신흠이 차운하여 지은 「사시사」

조선 후기 사대가(四大家)로 불렸던 상촌(象村) 신흠(申欽)이 난설헌의 시 「사시사(四時詞)」를 읽고 느낌이 있어 칠언고시 4수에 각각 화운하여 시를 지었다. 신흠은 다른 설명을 하지 않고 제목에서만 「규수 허씨의 사시사가 세상에 유행하므로 내가 읽어보고 거기에 화답하다[閨秀許氏四時詞, 行於世, 余見而和之]」라고 하여,

이 시가 이미 세상에 퍼졌기에 화운한다고 하였다.

「사시사(四時詞)」는 봄·여름·가을·겨울의 4수로 되어 있으므로, 앞에 허난설헌의 시를 차례로 보이고 뒤에 신흠의 시를 보인 다음, 그 두 수를 비교하기로 한다.[14]

봄 (허난설헌)

그윽한 뜨락에 비가 내리고
목련 핀 언덕에선 꾀꼬리가 우네.
수실 늘어진 비단 휘장으로 봄추위가 스며드는데
박산 향로에선 한 줄기 향연기가 하늘거리네.
미인이 잠에서 깨어나 새 단장을 매만지니
향그런 비단띠에는 원앙이 수 놓였네.
겹발을 걷고서 비취이불도 개어 놓고
시름없이 은쟁을 안고 「봉황곡」을 타네.
금굴레에 안장 타신 님은 어디 가셨나
정다운 앵무새는 창가에서 속삭이네.
풀섶에 날던 나비 뜨락으로 사라지더니
난간 밖 아지랑이 낀 꽃에서 춤추네.
뉘 집 연못가에서 피리 소리 흐느끼는데
금술잔에는 달이 비치네.
시름겨워 밤새 홀로 잠 못 이뤘으니

---

14) 이 두 시인의 시는 이미 번역이 있으므로 따로 번역하지 않고, 난설헌의 시는 허경진 옮김, 『허난설헌 시집』, 평민사, 1999 개정증보판에서, 신흠의 시는 한국고전번역원 홈페이지에서 인용하기로 한다.

새벽에 일어나면 명주수건에 눈물자국만 가득하리라.

春

院落深沈杏花雨。 流鶯啼在辛夷塢。
流蘇羅幕襲春寒。 博山輕飄香一縷。
美人睡罷理新粧。 香羅寶帶蟠鴛鴦。
斜捲重簾帖翡翠。 懶把銀箏彈鳳凰。
金勒雕鞍去何處。 多情鸚鵡當窓語。
草粘戲蝶庭畔迷。 花罥游絲闌外舞。
誰家池館咽笙歌。 月照美酒金叵羅。
愁人獨夜不成寐。 曉起鮫綃紅淚多。

봄 (상촌 신흠)

어젯밤 서쪽 누각에 이슬비 스쳐가
묵은 이슬 방울방울 난초밭을 적시었는데
담황색 비단 주렴 열두 겹이 다 걸렸고
난간 밖엔 수양버들 수많은 가지 휘늘어졌네
그윽한 정 괴로움에 머리 빗고 단장하고서
작은 못에 쌍쌍이 나는 원앙 부러워하여
옥으로 기러기발 만들고 비녀로 공후 삼아
곡조마다 일일이 난새 봉새 울리어라
당시에 애가 끊어진 일 문득 생각하노니
쇠잔한 꽃 시든 청춘 이 시름 뉘에게 말할꼬
구슬 자리 적막하고 비단 병풍 쓸쓸하여
수사에서 기러기 춤추던 것 부질없이 기억하네
꾀꼬리 소리는 원망도 같고 노래도 같은데

향로에 연기 다하고 비단 휘장만 둘려있네
애태우며 다시 가는 봄을 보내노니
제비는 한창 집을 짓고 꽃은 많이 떨어졌네

春

西樓昨夜經微雨。宿露滴滴滋蘭塢。
緗簾鉤盡十二重。檻外煙絲嚲萬縷。
幽情無賴理梳粧。小池羨殺雙飛央。
玫瑰作柱鈿箜篌。曲裏一一鳴鸞鳳。
却憶當時腸斷處。殘紅斂翠愁誰語。
瓊筵寥落錦屏空。水榭漫記輕鴻舞
流鴬如怨又如歌。獸爐香歇圍纖羅。
傷心復送春歸去。燕泥不禁花落多。

난설헌과 같은 또래인 신흠이 「사시사」에 차운하여 4수를 지었다.

여름 (허난설헌)

느티나무 그늘이 뜨락에 깔리고 꽃그늘 옅은데
대자리 평상에 누각이 시원하네.
새하얀 모시 적삼엔 구슬 같은 땀방울 엉켰고
부채를 부치니 비단 휘장이 하늘거리네.
계단의 석류꽃은 피었다가 모두 졌는데
햇살이 추녀로 옮겨가면서 발 그림자도 비꼈네.
대들보에 낮이 길어 제비는 새끼와 놀고
약초밭 울타리엔 사람이 없어 벌이 장을 보네.
수놓다가 지겨워 낮잠을 못이기고
비단방석에 쓰러지며 봉황비녀를 떨구니,
이마 위에 땀방울은 잠 잔 자국이 끈적이는데
꾀꼬리 소리가 강남 꿈을 깨워 일으키네.
남쪽 연못의 벗들은 목란배를 타고
연꽃을 따서 나룻터로 돌아오네.
천천히 노를 저으며 「채릉곡」을 부르자
물결 사이 갈매기 한 쌍이 놀라서 날아가네.

夏

槐陰滿地花陰薄。玉簟銀床敞珠閣。
白苧衣裳汗凝珠。呼風羅扇搖羅幕。
瑤階開盡石榴花。日轉華簷簾影斜。
雕梁畫永燕引雛。藥欄無人蜂報衙。
刺繡慵來午眠重。錦茵敲落釵頭鳳。
額上鵝黃膩睡痕。流鸎喚起江南夢。
南塘女伴木蘭舟。采采荷花歸渡頭。

輕橈齊唱采菱曲。驚起波間雙白鷗。

여름 (상촌 신흠)

쇠잔한 꽃 빛 바래고 연지는 얇디얇으며
휘늘어진 수양버들은 금각에 아득한데
가벼운 구름이 매자우를 빚어내어
한바탕 부용막에 은밀히 뿌려주도다
비단 베틀에 석죽화 수놓는 일 제쳐놓고
주렴 앞에 비낀 제비 그림자 눈여겨 보며
찬 오이 쪼개노니 푸른 주발 써늘하고
벌꿀은 꿀벌의 집에 가득차려 하도다
한적한 시름 교차한 곳에 푸른 눈썹 무거워
짐짓 그림 부채에 채봉을 수놓으면서
알건대 봉래산은 몇 만 리나 막혀있거늘
상아 침대서 선경에 노니는 꿈 놀라 깨누나
서릉 소식이 북쪽으로 온 배에 전해와
지난 해에 원망스레 강 머리서 이별하였지
남호에서 연 캐는 계집에게 말 전하노니
삼가서 짝진 갈매기 두드려 일으키지 마오

夏

殘英褪暈臙脂薄。煙絲嫋娜迷金閣。
輕雲釀出梅子雨。一霎暗灑芙蓉幕。
文機繡倦石竹花。貪看簾前燕影斜。
氷瓜乍劈碧椀冷。蜜脾欲滿黃蜂衙。
閑愁交處翠眉重。故遣畵扇盤彩鳳。

蓬山知隔幾萬里。象床驚破遊仙夢。
西陵消息北來舟。去歲怨別江上頭。
寄語南湖採蓮女。愼勿打起雙棲鷗。

가을 (허난설헌)

비단 장막으로 추위가 스며들고 아직도 밤이 길게 남았는데
텅 빈 뜨락에 이슬이 내려 병풍이 더욱 차가워라.
연꽃은 시들어도 밤새 향기가 퍼지는데
우물가 오동잎이 져서 가을 그림자가 없네.
물시계 소리만 똑똑 하늬바람에 들려오고
발 바깥에 서리가 짙게 내려 밤벌레 소리 구슬프구나.
베틀에 감긴 무명을 가위로 잘라낸 뒤에
옥문관 님의 꿈 깨니 비단 장막이 쓸쓸하네.
님의 옷 지어내어 먼 길에 부치려니
등불이 쓸쓸하게 어두운 벽을 밝히네.
울음을 삼키며 편지 한 장을 써서
날이 밝으면 남쪽 길 가는 역인에게 부치려네.
옷과 편지 봉해 놓고 뜨락을 거니노라니
반짝이는 은하수에 새벽별이 밝구나.
찬 이불 속에서 뒤척이며 잠도 못 이루는데
지는 달만이 다정하게 병풍 속을 엿보네.

秋

紗幬寒逼殘宵永。露下虛庭玉屏冷。
池荷粉褪夜有香。井梧葉下秋無影。
丁東玉漏響西風。簾外霜多啼夕虫。

金刀剪下機中素。玉關夢斷羅帷空。
裁作衣裳寄遠客。悄悄蘭燈明暗壁。
含啼寫得一封書。驛使明朝發南陌。
裁封已就步中庭。耿耿銀河明曉星。
寒衾轉輾不成寐。落月多情窺畫屛。

가을 (상촌 신흠)

물시계 더디어라 밤이 처음 길어지고
쓸쓸한 혜초 길에 서리도 차가운지라
찬 기운 얇은 옷에 언뜻언뜻 스며들고
우물 난간 오동나무에 바람 소리 쌀쌀하도다
서쪽 누각의 오경 바람 하도 불안해
등잔불 다 태우며 온갖 벌레 소리 듣노니
한적한 시름 이내 슬픔으로 변하여라
독수공방 비취 이불에 증오가 일어나네
사일이 오자마자 제비는 손님처럼 떠나고
겹겹의 비단 휘장을 초벽에 둘렀는데
반추의 어느 곳에 육랑을 바라볼꼬
일산 덮인 좋은 수레 서울 거리 아득하여라
남쪽 기러기가 어떻게 용정을 갈 수 있으랴
넓고 맑은 하늘에 견우 직녀만 쳐다보며
머리 숙이고 은밀히 금전 던져 점을 치노니
수침향의 연기가 부용 병풍에 끊어지네

秋

遲遲蓮漏夜初永。凄凄蕙逕霜華冷。

輕寒乍逼六銖衣。井欄蕭颯梧桐影。

西樓窈窕五更風。蓺盡蘭缸聞百虫。

閑愁祇是成怊悵。翠被生憎一半空。

社日纔回燕如客。重重羅幕圍椒壁。

班雛何處望陸郎。寶盖香車迷紫陌。

南鴻那得到龍庭。玉宇瀌沉瞻雙星。

低頭暗擲金錢卜。水沈香斷芙蓉屏。

겨울 (허난설헌)

구리병 물시계 소리에 차가운 밤은 깊어가는데
휘장에 달이 비치니 비단 이불이 싸늘하네.
궁궐의 갈가마귀는 두레박 소리에 놀라 흩어지고
동이 터오자 다락 창가에 그림자가 어른거리네.
발 앞에서 시녀가 길어온 금병의 물을 쏟으니
대야의 물이 손에는 껄그러워도 연지 분내는 향그럽네.
손을 자주 불면서 눈썹을 그리노라니
새장 속의 앵무새가 서리를 싫어하네.
이웃집 벗들이 웃으며 말하기를
옥같은 얼굴이 님 생각에 핼쑥해졌다네.
숯불 핀 화로가 따뜻해 봉황 피리를 불고
장막 밑의 고아주를 춘주로 바치네.
난간에 기대어 변방의 님을 그리워하니
말 타고 창 잡으며 청해 물가를 달리시겠지.
휘몰아치는 모래와 눈보라에 갖옷도 해졌을테고
향그런 안방을 그리워하며 눈물이 수건에 가득할테지.

冬

銅壺滴漏寒宵永。月照紗幃錦衾冷。
宮鴉驚散轆轤聲。曉色侵樓窓有影。
簾前侍婢瀉金瓶。玉盆手澁臙脂香。
春山描就手屢呵。鸚鵡金籠嫌曉霜。
南隣女伴笑相語。玉容半爲相思瘦。
金爐獸炭暖鳳笙。帳底羔兒薦春酒。
憑闌忽憶塞北人。鐵馬金戈靑海濱。
驚沙吹雪黑貂弊。應念香閨淚滿巾。

겨울 (상촌 신흠)

깊은 침실 적적하고 밤은 길기도 해라
박산로에 피어오른 향 연기 막 썰렁해졌는데
뜰앞엔 섬세한 눈 몇 치나 내렸는지
매화 가지 휘어지고 그림자 전혀 없네
황금 잔에다 백옥병의 술을 따르면서
수놓은 속옷 헤치매 그윽한 향기 생기고
난로 숯불 이글이글 따습기 봄과 같아
비단 베틀 새 서리에 얼까 두렵지 않네
그윽한 정 산란함을 누구에게 말하랴
몸이 절반이나 야위어 띠도 맞지 않는데
공후로 은밀히 완랑귀를 헤아려보니
하도 원통해 연약한 창자 술취한 것 같네 그려
꽃다운 마음 도리어 맘속의 사람 한하건만
이별의 꿈이 어찌 교하 가에 도달할손가

겹겹의 문 깊이 닫히고 날도 어두워졌는데
눈물이 붉은 비단 수건 다 적시누나

冬

洞房寂寂漏方永。博山裊裊煙初冷。
庭前密雪幾寸深。小梅枝亞渾無影。
黃金杯瀉白玉瓶。繡襦披拂生微香。
獸鑪燒炭暖似春。文機不怕凝新霜。
幽情撩亂爲誰語。寶帶參差一半瘦。
箜篌暗度阮郎歸。懊惱柔腸如中酒。
芳心翻恨意中人。離夢豈到交河濱。
重門深閉日又昏。淚痕濕盡紅羅巾。

제2장

한·중·일 삼국에서 편집 간행된
『난설헌집』과 난설헌의 시선집

1. 한국에서 편집 간행된 『난설헌집』과 난설헌의 시선집

필자는 허난설헌 연구자와 조선시대 여성작가에 대한 연구자들의 불편한 연구환경을 개선하기 위해 여성시문집 자료들을 오랫동안 수집 정리하여 공개 출판해왔다.

자료를 수집한 지 15년 만에 첫 번째 결실로 1988년 태학사에서 『조선조여류시문전집』 3권을 공개했으며, 이듬해에 제4권을 보완 출판하였다.

2002년에는 더 많은 자료를 수집해, 국학자료원에서 『한국여성시문학전집(韓國女性詩文學全集)』 전6권으로 출판하였다. 중국에까지 널리 알려졌던 임벽당(林碧堂) 김씨의 『임벽당집(林碧堂集)』, 호연재(浩然齋) 김씨(金氏)의 시문집 다섯 가지, 숙선옹주(淑善翁主)의 『의언실권(宜言室卷)』 등이 새로 추가되었는데, 모두 중요한 자료들이다.

『한국여성시문학전집』에는 총 26종의 시문집과 시선집이 실렸는데, 이 가운데 난설헌의 시문집이 가장 많은 비중을 차지하고 있어 한 권으로 편집하였다. 그 목록은 다음과 같다.

> 1) 허미자 소장 목판본(木版本)
> 2) 일사문고(一簑文庫) 필사본(筆寫本)
> 3) 허미자 소장본 『광한전백옥루상량문(廣寒殿白玉樓上樑文)』
> 4) 일본 분다이야지로베이에(文臺屋治郎兵衛) 판본(版本)
> 5) 일본 국회도서관 동양문고(東洋文庫) 소장 필사본

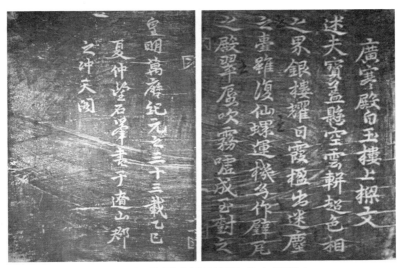

필자 소장본 『광한전백옥루상량문』을 소개하였다.

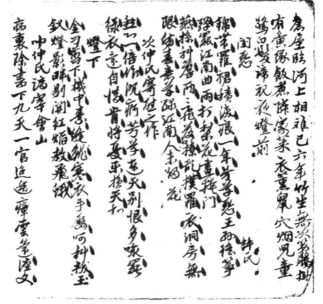

『쇄미록』「갑오일기」잡록편에 「규원」부터 난설헌의 시가 실려 있다.

6) 허미자 소장 신활자본『허부인 난설헌집(許夫人蘭雪軒集)
   부(附) 경란집(景蘭集)』
7)『쇄미록(瑣尾錄)』소재 난설헌시

『쇄미록(瑣尾錄)』은 오희문(吳希文, 1539~1613)이 임진왜란을 겪
으며 피란 중에 기록한 일기인데,「갑오일기(甲午日記)」잡록편에
8명의 시 24수가 실려 있다. 잡록은 1594년 당시에 보고들은 글들
을 기록한 부분인데, 절반이 난설헌의 시이다.『난설헌집』이 아직
간행되기도 전에 그의 시편들이 시골까지 널리 퍼져 유행하고 있
음을 알 수 있는데, 이 가운데 5수는 문집에 실리지 않은 시이다.[1]

2. 중국인 허경란의 차운시가 실린『허부인 난설헌집 부 경
   란집』

1913년에 신해음사(辛亥唫社)에서『허부인 난설헌집(許夫人蘭雪
軒集) 부(附) 경란집(景蘭集)』이 신활자본으로 간행되었는데,『난
설헌집』을『경란집(景蘭集)』, 즉『소설헌집(小雪軒集)』과 함께 출
판한 것이다. 이 시집은 독자들에게 상당히 인기가 있었으며,
1913년 2월 11일『매일신보』에 광고까지 실렸다.

---

[1] 구지현,「『쇄미록』에서 발견된 허난설헌의 시에 대하여」,『열상고전연구』14집,
열상고전연구회, 2001.

　『경란집(景蘭集)』의 저자인 허경란(許景蘭)은 조선 역관 허순(許純)과 명나라 여자 사이에서 태어난 딸이라고 한다. 허난설헌의 시집이 명나라에서 출판되자 그 시에 심취한 나머지 난설헌을 경모(景慕)하여 이름을 경란(景蘭)이라고 고치고, 소설헌(小雪軒)이

許夫人蘭雪軒集 附景蘭集 全

安往居 編訂

五言古詩　少年行

少年重然諾結交遊俠人腰間玉轆轤錦袍雙麒麟朝辭明光宮馳馬長樂坂沾得渭城酒花間日將晚金鞭宿娼家行樂爭留連揚子雲閉門草太玄

生長日干禩嫁得長干人良人美容姿人謂玉麒麟一生耽遊獵馬上峻坂恩愛何遷羞佳期且晚晚覆水難再收斷雲不復連芝蘭與玉樹慚愧謝家玄

感遇 四首

盈盈窗下蘭枝葉何芬芳西風一披拂零落悲秋霜秀色縱凋悴清香終不歇感物傷我心滂淚沾衣袂

猗猗谷中蘭無人獨秀芳絡緯啼井欄天末度微霜不願舊共樓聊與蕙同艶爲君歌一

許夫人蘭雪軒集 附景蘭集　五古

허경란이 차운한 시는 난설헌의 시보다 한 글자 낮춰서 편집하였다.

라 자호(自號)하였다고 한다. 경란이 난설헌의 시 한 편 한 편에
차운(次韻)하여 지은 시들을 전당(錢塘) 양백아(梁伯雅)가 편찬하여
『해동란(海東蘭)』이라고 이름붙여 간행하여 좋은 평가를 받았다
고도 한다.

그러나 최근에 허경란의 차운시가 위작(僞作)일 가능성이 제기
되어, 이에 대한 연구가 활발하지는 않다.[2]

3. 중국에서 간행된 난설헌의 시집과 시선집

1) 심무비(沈無非)가 편집한 『경번집(景樊集)』

만력(萬曆) 간본 『긍사(亘史)』 편수에 반지항이 지은 「조선혜녀
허경번시집서(朝鮮慧女許景樊詩集序)」가 실렸는데, 다음과 같다.

반지항이 말한다. 옛날 심호신(沈虎臣)의 누이동생이 일찍이
『경번집』 1권을 간행했는데, 내가 이를 읽어보고 경계했다. "어
찌하여 성조(聲調)가 이장길(李長吉)과 비슷한가?"

이 서문을 보면 반지항이 난설헌의 시에 관심을 가지고 문집을
간행하게 된 까닭은 심호신의 누이동생 심무비가 간행한 『경번집』

---

2) 양승민, 「문학류 僞書 연구 試論—『雲谷集』과 『少雪軒集』의 진위 변증을 겸하여」,
『고전과 해석』 17집, 고전한문학연구학회, 2014.

을 보았기 때문이다. 아직까지 이 판본의 실물을 확인한 학자는 없지만, 청나라 왕사록(王士錄)이 지은 『연지집(燃脂集)』에 심무비가 지은 서문이 실려 있다.

> 이것은 조선 기국(箕國)의 사대부 여성 경번(景樊) 허난설헌의 시 약간 수를 편찬한 것이다. 수려함은 사람이 경탄해 소리칠 만하고, 여성의 지분기(脂粉氣)가 없다.

심무비는 난설헌의 시를 읽고 경탄하면서, 아녀자의 시가 아니라 박식하고 고매한 풍조(風調)라고 호평하였다.

2) 『긍사』에 실린 난설헌 시집 『취사원창』

『취사원창(聚沙元倡)』은 중국 학계에서도 이미 유실된 책으로 알려져 왔다. 그러나 『긍사(亘史)』가 비슷한 시기에 중국 학자 정지량(鄭志良)과 김영숙(金英淑), 한국 학자 박현규에 의해 각각 발견되며 그 모습이 드러났다.

허난설헌의 시집인 『취사원창(聚沙元倡)』은 만력(萬曆) 간행 『긍사초(亘史鈔)』에 수록되어 있다. 이 시집에 "허경번은 혜녀(慧女)가 아니면 천인(天人)이다."라고 평했다.

남용익(南龍翼, 1628~1692)은 『시화총림(詩話叢林)』에 실린 「호곡시화(壺谷詩話)」에서 "내가 홍문관에서 『긍사(亘史)』라는 중국책 한 권을 보았는데, 끝부분에 『난설헌집』을 모두 싣고 적선(謫仙)

에까지 비교했다."고 증언하였다.

3) 오명제(吳明濟)의 『조선시선』에 실린 난설헌의 시

난설헌이 살던 시기까지 중국에서 조선인이 개인적으로 시문집을 편찬하거나 출판한 경우는 없었다. 『조선시선』이 간행된 뒤부터 난설헌의 시가 여러 시선집에 편입되거나 시집으로 편입되었으며, 조선인 가운데 가장 많은 작품이 실렸다.

정유재란에 참전했던 명나라 문인 오명제가 허균의 도움을 받아 1598년에 『조선시선』을 편집했으며, 상하 7권 2책 목판본으로 1600년에 간행하였다. 오명제가 쓴 서문에 의하면 "허균이 (3형제 가운데) 가장 영민해서 시를 한번 보면 잊지 않아, 동방의 시를 수백 편 외워 주었다."고 한다.

그는 당시에 주둔하던 병영(兵營)에서 나와 허균의 집에 머물면서 허균이 외워준 시를 바탕으로 『조선시선』을 편집했는데, 난설헌의 시를 58수 실었다. 이 책에 가장 많이 실

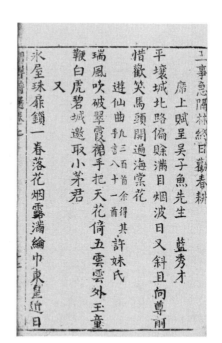

오명제가 난설헌의 「유선곡」 300수 가운데 81수를 얻었다고 기록하였다.

린 시인이 바로 허난설헌이다.

4) 남방위의 『조선고시』에 실린 허난설헌의 시

명나라 장수 남방위(藍芳威)도 정유재란에 조선에 들어왔는데, 조선의 대표적인 시들을 골라서 시선집을 편찬하였다. 중국 북경 대학 도서관에 남방위가 편찬한 『조선고시(朝鮮古詩)』 청초본(淸抄本)이 소장되어 있는데, 박현규의 조사에 의하면 9행 20자 56면 1책이다.

그중에 시인은 88인, 총 수록 작품은 249수 + α (결장 부분)이

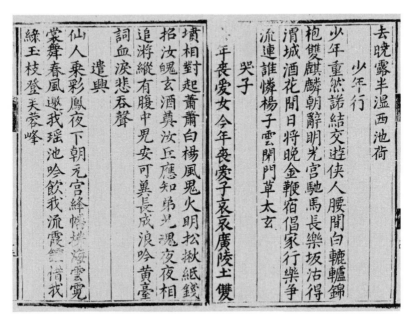

남방위의 『조선시선전집』에 「소년행」, 「곡자」가 실려 있다.

다. 이 가운데 허난설헌의 시가 26수로 가장 많다.

5) 종성의 『명원시귀』에 실린 난설헌의 시

종성(鍾惺)은 담원춘(譚元春)과 함께 『시귀(詩歸)』 51권을 평선(評選)했는데, 이 책이 잘 팔려서 속편이라고 할 수 있는 『명원시귀(名媛詩歸)』 36권을 간행하였다. 왕조시대 순으로 편찬했는데, 이 가운데 권29인 『명오(明五)』가 모두 난설헌의 시로 편집되어 있다. 이 책이 많이 팔렸으므로 난설헌의 시도 널리 알려지며 명성이 높아졌다.

6) 조여원(趙如源) 조세걸(趙世杰) 부자가 함께 편찬한 『고금여사』에 실린 난설헌의 시

전겸익(錢謙益)이 1628년에 지어준 「여사서(女史叙)」에 "나의 친구 조준지(趙濬之)와 그의 맏아들 문기(問奇)가 분전(墳典)에 정심(精心)하고 고금의 책을 널리 읽어 이 거질(巨帙)을 편찬하였다."고 하였다. 이 책 권2 문(文)에 조선 사녀 허경번의 「광한전백옥루상량문」이 실렸는데, 『난설헌집』에 실린 문장과는 여러 글자가 다르다.

시는 후편에 실렸는데, 허경번의 시는 41수가 실렸다. 그 외에 유여주 처(俞如舟妻)의 이름으로 실린 「빈녀음(貧女吟)」, 「고객사(賈客詞)」, 「양류사(楊柳詞)」 3수도 모두 난설헌의 작품이다. 『명원시귀(名媛詩歸)』에서 베껴 쓴 것이므로 자료적인 가치는 별로 없다. 『고금여사(古今女史)』의 시집 부분은 1922년 상해 소엽산방(掃葉山房)에서 『역대여자시집(歷代女子詩集)』이라는 이름으로 다시 출판되었다.

7) 전겸익의 『열조시집』에 실린 난설헌의 시평

『열조시집(列朝詩集)』은 전겸익(錢謙益)이 편찬한 명대(明代) 시가 총집인데, 81권에 1600명의 작품을 실렸다. 규집(閨集) 제6편에 역외시(域外詩)가 실렸는데, 조선 시인이 42명 170수가 실려 일본이나 교지(交趾)보다 많이 실렸다.

허매씨(許妹氏)로 표기된 난설헌의 시는 19수가 실렸는데, 오명제의 『조선시선』에서 11수, 『난설헌집』에서 「새하곡(塞下曲)」과 「서릉행(西陵行)」, 남방위의 『조선고시(朝鮮古詩)』에서 「고별리(告別離)」와 「봉대곡(鳳臺曲)」을 옮겨 실었다.

특별히 허매씨의 소전(小傳)을 자세히 썼을 정도로 난설헌에 대하여 높이 인정했으며, 유여시(柳如是)는 난설헌의 시에 대하여 "허매씨의 시는 하늘에서 흩어지는 꽃처럼 많은 사람에게 회자되었다."고 평하였다.

8) 주이존의 『명시종』에 실린 난설헌의 시

『명시종(明詩綜)』은 주이존(朱彝尊)이 명대(明代) 시인 3,400여 명의 작품을 뽑아 100권으로 편찬한 시가총집이다. 실린 작가들에 대해 모두 소전(小傳)을 썼는데, 가정(嘉靖) 연간에 요조은(姚祖

懋)이 소전과 시평을 편집해 『정지거시화』를 편찬했다. 이 가운데 94~95권에 고려와 조선 시인 91명의 시 132수를 실었다. 허경번의 시는 5수가 실렸는데, 오명제의 『조선시선』에서 옮겨 실은 것이다.

중국에 『난설헌집』이 소개되자 다양한 형태로 간행되는 시선집들에 난설헌 시가 빠짐없이 실려 많은 독자들의 호응을 받았다.

9) 육차운의 『역사기여』에 실린 난설헌의 시

육차운(陸次雲)은 청나라 사람으로 『역사기여(譯史紀余)』 권2에 우리나라 시를 수록하였다. 조선국 시에는 23명의 작자와 42수의 시가 수록되어 있는데, 여성은 모두 5명으로 이세원, 유여주 처, 허경번, 덕개씨, 성씨의 시가 20수이다. 그중 난설헌의 시는 『조선시선』에서 뽑은 시 9수가 실려 있다.[3]

4. 일본에서 편집 간행된 『난설헌시집』

『난설헌집』 이본 가운데 특별한 것은 일본에서 간행되어 일본 국회도서관에 소장되어 있는 『난설헌시집(蘭雪軒詩集)』이다. 현재 일본에는 도쿄대학교 도서관, 국회도서관 동양문고 등에 『난설헌

---

[3] 이 부분은 장정룡, 『허난설헌 평전』에서 인용하였다.

집』이본들이 소장되어 있는데, 이 가운데 대표적인 것은 일본 간행 목판본『난설헌시집』과 조선 간행 목판본『손곡집』뒤에 붙어 있는 필사본『난설헌집』이다.

일본 간행 목판본은 1692년 동래부(東萊府)에서 간행된 중간본 (重刊本)을 저본으로 해서, 일본식 토를 덧붙여 간행한 훈독본(訓讀本)이다. 주지번의 소인(小引)과 양유년의 제사(題辭)부터 "계제 허균(季弟許筠) 휘수(彙粹)"라는 편자 이름까지 그대로 새겼다. 오언고시부터 칠언절구와 부록까지 체제와 내용이 똑같다.

차이점은 간기(刊記)의 위치와 권수(卷數)이다. "숭정후 임신(崇禎後壬申) 동래부 중간(東萊府重刊)"이라는 간기가 책 뒤에 붙지 않고 양유년의 제사 뒷장에 붙은 것이 다른데, 책 뒤에는 이 책의 간기가 붙어야 하기 때문이다.

권수는 2권으로 되어 있는데, 오언고시, 칠언고시, 오언율시, 칠언율시, 오언절구, 칠언절구까지가 권상(卷上)이고, 칠언절구 가운데 「유선사(遊仙詞)」와 「야좌(夜坐)」, 「규원(閨怨)」, 「추한(秋恨)」, 부록(附錄)이 권하(卷下)이다. 분량으로 따지면 권상이 20장, 권하가 14장인데, 「유선사」를 중요시해서 그렇게 나눈 듯하다.

부록 뒤에 "정덕 원임 신묘 납월길단(正德元稔辛卯臘月吉旦) 분다이야 지로베이에(文臺屋次郎兵衛), 동(同) 이베이에(儀兵衛) 개판 (開版)"이라는 간기(刊記)가 실려 있다. 정덕 원년은 1711년이다. 분다이야 지로베이에가 간행한 이 책은 일본국회도서관에 소장되어 있는데, 필자가 편찬한『한국여성시문전집』(국학자료원, 2004) 제1권에 영인 소개하였다.

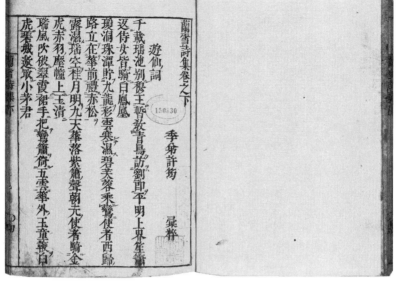

허균 간행본과 달리 일본에서는 「유선사」부터 하권으로 편집하였다.

　필사본 역시 일본국회도서관 동양문고(東洋文庫)에 소장되어 있다. 괘선지에 24자 12행 27장 형태로 필사했는데, 내용은 목판본과 같다. 허난설헌의 스승으로 전해지는 손곡 이달의 시집『손곡집(蓀谷集)』 목판본 뒤에 함께 제본되어 있어, 이들의 관계를 아는 문인이 읽기 좋게 한 책으로 엮은 듯하다. 틀린 글자가 많다.

　이 책 마지막 장에는 "K. Mayema"라는 영문 표기가 찍혀 있는데, 이는 경성제국대학 교수를 지낸 마에마 교사쿠(前間恭作, 1868~1942)의 영문 표기이다. 그는『교주가곡집』 17권 17책을 편찬하면서 가사「규원가」를 "난설헌 허씨(許氏)"의 이름으로 실을 정도로 난설헌에게 관심이 많았던 학자이다. 이처럼 일본인 학자

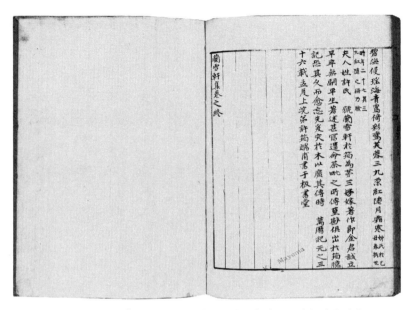

동양문고 필사본 『난설헌집』에 마에마 교사쿠의 영문 표기가 찍혀 있다.

까지도 난설헌의 시에 매료되어 있었다. 필자가 편찬한 『한국여성시문전집』(국학자료원, 2004) 제1권에 영인 소개하였다.

5. 일본 학자의 연구서 『일본인이 본 허난설헌 한시의 세계』

2001년 봄에 백호(白湖) 임제(林悌) 선생의 후손이신 임채남 선생이 일본인 나카이 겐지(仲井健治) 선생에 관한 소개와 아울러 『난설헌의 세계』라는 원고를 보내 주셨다.

허난설헌 연구는 우리나라에서도 두드러지게 이뤄지지 않고 있는데, 어떻게 일본인이 난설헌의 시를 일본어로 번역하고 주석 작업을 하였는가 궁금해하며 원고를 읽었다. 다 읽고 나서 일본인 도 허난설헌 시의 높은 문학성을 예찬하고 있다는 사실을 알게 되었고, 이러한 연구 성과를 문중의 종친들과 친지 여러분에게 알려드리기 위해 이 원고를 우리말로 옮겨 출판하는 것이 후손의 한 사람이자 연구자로서의 책무라고 생각하였다.

한편으로는 허난설헌 연구자들에게 새로운 연구 자료를 제공 한다는 의미에서도 의의가 있으리라 믿고, 나카이(仲井) 선생께 "한국어로 번역할 뜻이 있다"고 알렸더니 이를 쾌락하였다. 1년 넘는 번역 기간을 거쳐, 2003년 봄에 『일본인이 본 허난설헌 한시 의 세계』라는 번역서를 국학자료원에서 출판하였다.

나카이 선생은 일본 관서대 학(關西大學) 전문부 상과(商科) 와 같은 대학 법률학과에서 공 부를 마치고 법조계에서 평생 종사하다가 은퇴한 분이다.

은퇴 후에 한시문(漢詩文)을 연구하던 중, 1973년 천리대학 (天理大學)에서 청음(淸陰) 김상 헌(金尙憲)의 『남사록(南槎錄)』 에 실린 백호(白湖) 임제(林悌) 의 「남명소승(南溟小乘)」 시에 심취하게 되어 백호의 시문을

필자가 번역한
『일본인이 본 허난설헌 한시의 세계』 표지

연구하기 시작했다고 한다.

1995년에야 비로소 백호의 14대 방손 임채남 선생에게 연락이 닿아 「남명소승(南溟小乘)」 전문을 입수하여 1996년부터 평생 전업으로 「독임백호집(讀林白湖集)」을 집필하기 시작하였다. 그 후에도 연구를 계속하여 2000년에는 「부벽루상영록(浮碧樓觴詠錄)」을 저술했고, 2001년에는 『허난설헌의 세계』를 탈고했다고 한다.

뿐만 아니라 나카이 선생은 석주(石洲) 권필(權韠), 석촌(石村) 임서(林㥠, 임제의 사촌), 습정(習靜) 임환(林懽, 임제의 三弟), 창랑정(滄浪亭) 임탁(林侂, 임제의 季弟), 백화정(百花亭) 임선(林愃, 임제의 二弟), 섬호(剡湖) 진경지(陳景之), 현주(玄洲) 조찬한(趙纘韓), 현곡(玄谷) 조위한(趙緯韓), 송호(松湖) 백진남(白振南), 시서(市西) 김선(金瑄), 죽음(竹陰) 조희일(趙希逸), 남송(南松) 강윤원(姜允遠) 등 많은 시인들의 작품을 평석(評釋)하였다. 그러고 보면 그는 조선조 시인의 작품에 심취한 학자라고 말할 수 있다.

나카이 선생이 허난설헌에게 관하여 특별한 관심을 가지게 된 연유를 필자에게 보낸 편지에서 이렇게 밝혔다.

원래 小生은 貴國의 朴政權부터 盧政權까지 약 15年間, 거의 每月 서울의 國立中央圖書館에 朝鮮古書를 구하기 위하여 계속 다녔습니다. 그것은 朝鮮時代 사람이 쓴 文字가 小生의 마음을 잡고 놓지 않았기 때문입니다. 처음에는 『佔畢齋集』이나 『梅月堂集』, 그리고 『淸陰集』, 『尤庵集』 등에 강하게 끌렸습니다.

그 뒤에 白湖 林悌라는 不可思議한 인물을 알게 되었습니다.

그렇지만 中央圖書館 所藏의 그 문집은 마이크로 필림 뿐인 것을 三拜九拜 간청하여 마이크로 필림 리이다 프린트를 변변치 못한 기계로 만들어 얻었습니다만, 그 原本이 意外로 日本 德川幕府의 昌平黌學問所의 藏書였다는 것은, 정말로 이상스러운 因緣이라는 것에 놀랐습니다. 이 白湖 이외로 純粹詩人이라고 일컬어지는 작가는 누구일까?

玉峯 白光勳 등의 三唐도 있습니다만, 明의 「古文辭」의 영향을 받아 盛唐一邊倒의 詩風에는 호감이 가지 않았습니다. 結局 蘭雪軒 許楚姬만이 白湖와 雙璧을 이루는 存在라고 생각하기에 이르렀습니다.

그리고 그 다음 편지에서 "蘭雪軒의 世界"를 서술함에 있어서 자신의 접근방법을 이렇게 설명하였다.

許蘭雪軒의 詩業에 대한 이 論考는 年來로 쌓이고 醱酵 중에 있는 마음속의 沈澱物을, 이미 餘命이 몇 해 남지 않은 벼랑 끝에 서서 한꺼번에 마음껏 摘出해 본 것에 지나지 않습니다. 붓을 들고는 그 여유나 수단이 없었기에, 이른바「獺祭魚」는 하지 않았고, 다만 寥寥한 자료만으로 興에 맡겨 거의 단숨에 쓴 것입니다. 따라서 筆者의 意氣만이 앞서서, 文章에 있어서 여러 곳에 隔靴搔癢의 감을 면하기 어려운 것입니다.

다만 俎上에 올려놓아야 할 필요가 있는 것은 반드시 俎上에 실었으며, 그의 意境에 대하여서는 특별히 조심하여「茶를 濁하게 하는 일」과 같은, 道聽塗說者流의 태도는 단연코 취하지 않았습니다.

小生은 독일의 觀念論哲學의 洗禮를 받아, 학문에 있어서 方法論的 確實性을 가장 重視하는 戰中派입니다. 漢詩를 이룩하는 개개의 낱말에 대하여는, 먼저 그 客觀的 意味를 古來의 用例에 비추어 究明하는 작업에 소홀하지는 않았습니다. 그 다음에는 그와 같은 意味로 과연 作者가 사용한 것인가 아닌가를 前後의 關係 등으로 차분히 診察하여 보았습니다. 그리고 聽診器나 心電圖 등에 조금이라도 異常이 看取되는 경우에는 ?마크를 붙여서 精密檢査를 하였습니다. 문제의 그 낱말을 作者는 도대체 어떤 의미로 사용하려고 한 것인가를, 있을 수 있는 모든 경우를 想定하여 며칠씩이나 탐색을 거듭하였습니다.

번역의 비평방법론, 한시의 운법(韻法)과 영시(英詩)의 압운법(押韻法)을 접근시키면서 비교 검토하였으며, 아울러 작가의 생애 및 작가의 의식세계에까지 철두철미하게 분석하고 규명하였다. 아울러 한시의 사성법(四聲法)과 영시의 압운법에 대해 다음과 같이 언급하였다.

蘭雪軒 許氏의 遊仙詞 87首를 본다면, 그 韻律의 精妙性의 發揮에 있어서 渺渺한 大空에 飄飄히 펄럭이는 仙人의 자태를 묘사하는데 入聲의 글자를 굳이 많이 쓴 것이 一目瞭然하다.

近代詩句의 漢詩에서는 句末에 押韻을 하는 것과 句中에 平仄의 排列을 정돈함에 있어서, 音調를 諧和하는 일이 必須的이다. 平仄이란 漢字音의 四種의 聲調, 즉 平聲, 上聲, 去聲, 入聲을 梁의 沈約의 『四聲譜』의 說에 따라서, 높으나 올라가고 내려가는 것이 없는 平聲에 대해서, 上, 去, 入의 三聲을 仄聲으로 一括함으로써 平聲, 仄聲의 二種으로 나눈다는 것이다. …

英詩의 한 行의 韻律 構成은 弱强(短長), 弱强(短長)의 trimeter(三步格)만으로 끝나는 것은 아니다. 뿐만 아니라 行의 韻律單位로서 foot(발로 拍子를 맞추는 것에서 생긴 말이다.)는 한 箇의 强音(長音)을 포함한 여러 箇의 엮은 소리로서 成立되는데, 거기에는 iambus(弱强格) 이외에도 anapaest(弱弱强格)이 있고, trochee(强弱格)이 있으며, dactye(强弱弱格)이 있는 것이다.

한시(漢詩)의 성조(聲調) 즉 평(平), 상(上), 거(去), 입성(入聲)에 대하여 설명하면서 나아가 영시의 압운법(押韻法)에 대해서도 설명하였다.

나카이 선생은 만년에 조선조 문인의 시에 매료되어 백호(白湖) 임제(林悌)와 허난설헌(許蘭雪軒) 등 문인의 작품에 마음을 빼앗겼을 뿐만 아니라 스스로 이들의 시를 평석하는 것을 여생의 필업으로 생각하였다. 이같은 일본인 학자의 논고(論考)를 내가 번역하면서 나카이 선생께 진심으로 감사드렸으며, 그의 뛰어난 평석에 거듭 경탄하지 않을 수 없었다.

제3장

양천 허씨 역사 속에 수록된
난설헌의 시세계

1. 『양천세고』 서문에 소개된 난설헌

『양천세고(陽川世稿)』는 상(上)·하(下)권으로 되어 있는데, 상권 첫머리에 「양천허씨세고(陽川許氏世稿)」라는 설명문이 실려 있다. 그 첫머리에 허씨는 "가락국(駕洛國) 수로왕(首露王)이 허태후(許太后)에게 하사(下賜)한 성씨의 후손이다. 시조인 휘(諱) 선문(宣文)이 고려 태조(太祖) 때에 공로로 공암(孔巖)을 채읍(采邑: 식읍)으로 삼고 인하여 관향(貫鄕)으로 삼았으니, 공암은 곧 양천(陽川)이다." 라고 기록하였다.

난설헌의 큰오라버니 허성(許筬)이 편집하였으므로, 허균이 명나라 사신 주지번(朱之蕃)과 양유년(梁有年)에게 부탁하여 받은 서문이 상권에 실려 있다.[1]

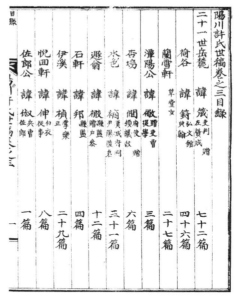

『양천허씨세고』 목록에 악록(허성), 하곡(허봉), 난설헌(허초희) 순으로 시문이 실려 있다.

---

1) 『양천세고』는 우리 양천허씨대종회에서 번역 출판하였으므로, 문중 출판본의 번역을 그대로 편집하였다.

1) 주지번의 서문

내가 동국(東國)에 사신으로 와서 당대의 명현(名賢)들과 창수 (唱酬)를 가장 많이 하였는데, 허씨(許氏) 형제인 성(筬)과 균(筠)이 모두 대열에 있었다. 서로 대한지 오래 되자, 그들은 마침내 선대 에 지은 증조, 고조 이래의 시문(詩文)을 내어놓고 장차 부친인 엽(曄)과 아우인 봉(篈) 및 그 누이동생인 난설헌(蘭雪軒)의 유고를 덧붙이려 하였다. 세대가 더욱 멀어질수록 가문이 더욱 번성하고 문명(文名)이 더욱 떨쳐졌으니, 참으로 길상(吉祥)의 좋은 일이라 고 일컬을 만하다.

대대로 그 아름다움을 계승하니, 어찌 다만 한 가문의 좋은 경 사일 뿐이겠는가. 원류(源流)가 깊고 머니, 동국의 중흥하는 기업 이 실로 이에 힘입을 것이다. 충정(忠貞)이 대대로 돈독하여 많은 선비들이 나와 나라를 편안하게 하였으니, 문장은 진실로 불후(不 朽)의 훌륭한 일이요, 아름다운 명성은 더더욱 선조를 계승하는 원대한 계책이다.

선조의 덕을 돌아보아 계승할 생각을 더욱 다지고 가문의 유풍 (遺風)을 보전하여 선조와 같이 하지 못할까 하는 두려움이 더욱 깊을 것이니, 어찌 허씨(許氏)의 선조가 길이 오늘날까지 전해주 어 후세에 묵묵히 기원하는 바가 아니겠는가.

벼슬의 품계(品階)와 가문의 세계(世系)가 유집(遺集) 안에 자세 히 갖추어져 있으므로 상세히 기술할 필요가 없으며, 우선 이군 (二君; 허성과 허균)이 가업을 계승하려는 고상한 뜻을 기록하여 대

주지번의 서문

대로 지켜 실추하지 않기를 기대하는 바이다.

　만력(萬曆) 병오년(1606) 맹하(孟夏) 20일에 사진사급제 봉직대부 우춘방 우유덕 장남경한림원사 전 한림원수찬 기주기거 편찬 장주 관리제칙 사일품복 흠차정사(賜進士及第 奉直大夫 右春坊 右諭德 掌南京翰林院事 前 翰林院修撰 記注起居 編纂章奏 管理制勅 賜一品服 欽差正使) 금릉(金陵) 주지번(朱之蕃)2)은 벽제(碧蹄)에서 쓰다.

---

2) 주지번(朱之蕃)은 금릉(金陵) 사람으로 자는 원개(元介) 또는 원승(元升)이고 호는 난우(蘭嵎)이다. 서화(書畫)를 잘 하였으며, 신종(神宗) 만력(萬曆) 연간에 문과에 장원하여 벼슬이 이부시랑(吏部侍郎)에 이르고 저서로 『봉사고(奉使稿)』가 있다.

주지번(朱之蕃)의 두 번째 서문

나는 『시경(詩經)』의 열국풍(列國風)을 볼 때마다 오(吳)나라와 초(楚)나라가 여기에까지 이르지 못함을 괴이하게 여겼다. 내가 생각건대, 그 풍속이 몸에 문신(文身)을 하고 옷깃을 왼쪽으로 여미며 갈고리와 창을 사용하는 데만 장기(長技)가 있어서 풍속을 읊은 노래가 시인의 체재에 어긋남이 있으므로 태사(太史)가 미개한 나라로 취급하여 채택하지 않은 듯하다.

그러나 계찰(季札)³⁾은 『춘추(春秋)』에서 칭찬하였고, 굴(屈)·송(宋)⁴⁾은 역사책에 나와 있으니, 이로써 땅은 진실로 한계가 있으나 사람으로 인하여 드러남을 알겠다. 공부자(孔夫子)께서 이른바 "제(齊)나라가 한번 변하면 노(魯)나라에 이르고, 노나라가 한번 변하면 도(道)에 이른다."⁵⁾는 것이 바로 이것이다.

내가 동국(東國)에 사신으로 오니, 동국은 먼 변방의 외진 곳에

조선에 사신으로 와서 많은 글을 써주고 선물로 받은 인삼과 초피(貂皮)를 가지고 법서(法書)와 명화(名畫), 골동품 등을 사 가지고 가 유명하였다.

3) 계찰(季札)은 춘추(春秋) 시대 오나라 사람으로, 오왕(吳王) 수몽(壽夢)의 넷째 아들이다. 상국(上國)에 두루 다니면서 당대의 어진 사대부와 교제하였으며, 노(魯)나라에 사신으로 가서 주(周)나라의 음악을 보고 열국(列國)의 치란흥망(治亂興亡)을 알았다.

4) 굴(屈)·송(宋)은 전국(戰國) 시대 초(楚)나라의 굴원(屈原)과 그 제자인 송옥(宋玉)을 가리킨다.

5) 『논어(論語)』「옹야(雍也)」에 나오는 공자(孔子)의 말씀이다. 공자 때에 제나라의 풍속은 공리(功利)를 추구하고 속임수가 많아 패정(覇政)의 여습(餘習)이 있었고, 노(魯)나라는 예교(禮敎)를 중히 여기고 신의를 숭상하여 선왕의 유풍이 있으므로 공자는 선왕의 도에 이르는 순서를 이와 같이 말씀한 것이다.

있으나 문물의 아름다움이 중국의 안목에 부합하였다. 벼슬아치들이 숲처럼 **빽빽**하였는데 서로 시문(詩文)을 창화(唱和)한 자가 많았는 바, 그중에 허씨(許氏)가 훌륭하였고 허씨의 문장이 더욱 드러났으니, 이들은 모두 문경공(文敬公) 휘 공(珙)의 후손들이었다.

판서 성(筬)의 부친인 초당(草堂)과 그의 아우인 하곡(荷谷), 그리고 누이동생인 난설헌(蘭雪軒)의 세 문집은 변방 미개한 나라의 해학적(諧謔的)인 말이 아니고, 문장과 체재가 모두 율격(律格)에 합치하였다.

또 승지(承旨)인 고산자(孤山子) 휘 항(恒)은 유명한 사람이다. 그의 시가(詩歌)를 명주(溟洲) 발해(渤海)의 사이에서 얻었는데, 그 세고(世稿)는 구슬을 꿴 듯이 아름다워 당(唐)나라 제가(諸家)들의 운치가 남아 있어 동쪽 지역에 드날리고 후세에 우뚝하다. 그리하여 아름다움을 대대로 계승해서 영원히 문병(文柄)을 주관하고 있으니, 어찌 한 가문의 아름다운 명성일 뿐이겠는가. 동국의 중흥하는 기업이 실로 이에 힘입을 것이다.

관직의 품계와 가문의 세계(世系)는 유집(遺集) 안에 자세히 실려 있으므로 상세히 기록할 필요가 없으며, 우선 그 세고를 모아 엮는 고상한 뜻을 기록하고 불후(不朽)의 문장임을 찬양하여 후손들이 잘 계승하기를 묵묵히 기원하는 바이다.

사진사급제 봉직대부 우춘방 우유덕 장남경한림원사 전 한림원수찬 기주기거 편찬장주 관리제칙 사일품복 흠차정사(賜進士及第 奉直大夫 右春坊 右諭德 掌南京翰林院事 前 翰林院修撰 記注起居 編纂章奏 管理制勅 賜一品服 欽差正使) 금릉(金陵) 주지번(朱之蕃)은 벽제

(碧蹄)에서 쓰다.

때는 만력(萬曆) 병오년(선조 39, 1606) 맹하(孟夏) 20일이다.

2) 양유년의 서문

뒤에서 주선해주는 자가 없으면 아무리 성대하여도 후세에 전하지 못하니, 후세에 전하는 것이 참으로 쉽지 않으며 대대로 서로 전하는 것은 더더욱 어렵다.

내가 사신으로 와서 『양천세고(陽川世稿)』를 보니, 야당(埜堂)의 뒤에 매헌(梅軒)이 있고 매헌의 뒤에 또 상우당(尙友堂)과 문정공(文貞公)의 각집(各集) 약간 권이 있어서 대대로 이어져 매우 성대하게 전하였다. 그러나 아직도 다하지 않았으니, 예컨대 오늘날 판서 성(筬)과 도감(都監) 균(筠)의 형제가 아름다움을 이루어 나란히 세상에 알려졌으니, 장래의 문집이 아마도 헤아릴 수 없이 많을 것이다.

그리고 그 부친인 엽(曄)의 『초당집(草堂集)』과 그 아우인 봉(篈)의 『하곡집(荷谷集)』, 그리고 그 죽은 누이동생의 『난설헌집(蘭雪軒集)』 같은 것이 나라 안팎에 고상하게 읊어져 나란히 한 세상에 아름다움을 독점하고 있으니, 모두 야당(埜堂)의 한 맥(脈)을 이어서 일어난 후손들이다. 또한 장차 시편을 모아 구슬을 꿰듯이 이어질 것이니, 어찌 또한 멀어질수록 더욱 성대하고 성대할수록 더욱 전해지지 않겠는가.

재주 있는 자와 준걸들이 배출되는 것은 하늘이 그 권한을 주재

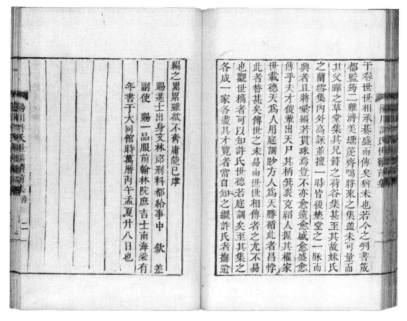

양유년의 서문

하고, 가업을 계승하는 것은 사람이 그 권한을 갖고 있다. 가문 대대로 덕을 계승함은 하늘이 사람에게 이용되는 것이요, 가정교 훈을 지킬 줄 모르는 사람이 하늘에게 지는 것이다. 이를 따르는 자는 창성하고 이를 어기는 자는 침체하니, 후세에게 전함이 참으 로 쉽지 않으며 대대로 서로 전함은 더더욱 어려운 것이다.

　이 세고(世稿)를 보는 자들은 허씨(許氏)의 세덕(世德)과 가정교 훈을 알 수 있을 것이나, 이 유집(遺集)이 각각 일가(一家)를 이루 어 각각 그 재주를 다함에 이르러서는 보는 자가 마땅히 스스로 이것을 알 것이다.

허씨의 뒤를 잇는 후손들이 많이 쌓인 유편(遺編)을 어루만진다면 비록 분발하지 않고자 하나 어찌 그만둘 수 있겠는가.

사진사출신 문림랑 형과도급사중 흠차부사 사일품복 전한림원 서길사(賜進士出身 文林郎 刑科都給事中 欽差副使 賜一品服 前翰林院庶吉士) 남해(南海) 양유년(梁有年)은 대동관(大同館)에서 쓰다.

때는 만력(萬曆) 병오년(선조 39, 1606) 맹하(孟夏) 28일이다.

양유년(梁有年)의 두 번째 서문

문장은 진실로 능하기가 쉽지 않고, 문장에 능하더라도 세상에 불후(不朽)하게 전하는 것은 더욱 쉽지 않으며, 대대로 문병(文柄)을 잡아 가문(家門)에 전하는 것을 사업으로 삼는 것은 더더욱 쉽지 않다. 두릉(杜陵)의 이두(二杜)와 미산(眉山)의 삼소(三蘇)[6]를 세상에서 드물다고 말하는데, 하물며 세대가 더욱 멀어져서 문장이 더욱 강등함에 있어서이겠는가. 공부자(孔夫子)가 말하기를 "인재를 얻기 어렵다는 말이 옳지 않은가." 하였는데, 문장의 어려움도 또한 그러하다. 그러나 홀로 동방(東方)의 허씨(許氏)는 문재(文才)가 배출되어 한 가문의 사유물이 되었으니, 참으로 해외의 기이한 볼거리이다.

내가 중국을 두루 보았으니, 천하를 다 보았다고 말할 만하다.

---

6) 이두(二杜)는 당(唐)나라 때의 두보(杜甫)와 두목(杜牧)으로 모두 시의 대가(大家)이며 두릉에 살았다. 삼소(三蘇)는 노천(老泉) 소순(蘇洵)과 동파(東坡) 소식(蘇軾), 영빈(穎濱) 소철(蘇轍)의 삼부자(三父子)로 모두 고향이 미산(眉山)이다.

그리고 수레바퀴와 말발굽이 미치지 못하는 곳에 있어서는 앉아서 지도(地圖)를 열람하여 산하(山河)의 아름다움과 문물(文物)의 성대함을 진실로 널리 보았다. 내 일찍이 조선의 고실(故實)을 살펴보니, 허의정 종(許議政琮)의 시집은 당(唐)나라 시인의 풍격(風格)이 있으니 동월(董越)과 왕창(王敞) 두 선생이 동국에 사신으로 왔을 때에 창화(唱和)한 것이었다.

이제 허씨유고(許氏遺稿)를 보면 진실로 대대로 가문의 명성을 계승하여 단연코 자질구레한 시어(詩語)가 아니었으니, 신령스러운 뱀을 잡고 오색찬란한 봉황(鳳凰)을 타고 있다고 이를 만하다. 야당(埜堂)·매헌(梅軒)·상우당(尚友堂)이 있어 세상에 알려졌으니 참찬 흡(洽)의 선조이다.

그리고 초당(草堂)·하곡(荷谷)·난설헌(蘭雪軒)이 있어 당대에 이름을 독차지하였으니, 판서 성(筬)의 아버지와 아우, 누이동생이다. 그리고 고송(孤松) 허도(許衜)와 간악(艮嶽) 허곤(許稇), 한매(寒梅) 허효순(許孝舜), 창명(滄溟) 허윤관(許允寬), 수월(水月) 허규(許珪) 등 여러 군자가 크게 서로 계승하였으니, 이는 고산자(孤山子) 항(恒)의 세고(世稿)이다. 모두 문경공(文敬公)의 일맥(一脈)을 이어서 세상에 뻗쳤으니, 이에 중구(仲久: 허항의 자)의 문장이 가정(家庭)에서 나와 위로는 한(漢)·당(唐)에 이름을 알 수 있다.

그리고 그의 형 서호(西湖) 징(澄)이 매화와 대나무를 읊은 네 수의 시는 인력으로 나온 것이 아니요 타고난 재능이다.

재능은 하늘에 근본이니, 천기(天機)의 자연스러움은 사람마다 능할 수 있는 것이 아니다. 형은 부르고 아우는 화답하여 동국

사람들의 주창(主唱)이 되었으나 도를 간직한 영화를 세상에 드러
내려 하지 않았으니, 또한 그 선대의 뜻이다.

그의 아들이 시문(詩文)을 상자에 넣어가지고 고산(孤山)의 아
래로 돌아가니, 태사(太史)가 말하기를, "남방(南方)에 상서로운
기운이 위로 하늘에 뻗쳐있는 바, 그 덕(德)이 화평하여 문장이
그 아래에 있다." 하였다.

사진사출신 문림랑 형과도급사중 흠차부사 사일품복 전한림원
서길사(賜進士出身 文林郞 刑科都給事中 欽差副使 賜一品服 前翰林院庶
吉士) 남해(南海) 양유년(梁有年)은 대동관(大同館)에서 쓰다.

때는 만력(萬曆) 병오년(1606) 맹하(孟夏) 29일이다.

3) 『양천세고』에 수록된 난설헌의 시문과 시평

21세 허씨(許氏) 1563년(명종 18) ~ 1589년(선조 22)

○ 이름은 초희이고, 호는 난설헌(蘭雪軒)이다. 초당(草堂) 엽(曄)
의 딸이고 악록(岳麓) 성(筬)과 하곡(荷谷)[7] 봉(篈)의 매씨(妹氏)이
니, 승문원 정자(承文院正字)인 안동(安東) 김성립(金誠立)에게 출
가하였다.

許楚姬。號蘭雪軒。草堂之女。岳麓荷谷之妹。適承文院正字安東
金誠立。

---

7) 초당(草堂)은 허엽(許曄)의 호이고, 악록(岳麓)은 초당의 큰 아들인 성(筬)의 호이
며, 하곡은 둘째 아들인 봉(篈)의 호이다.

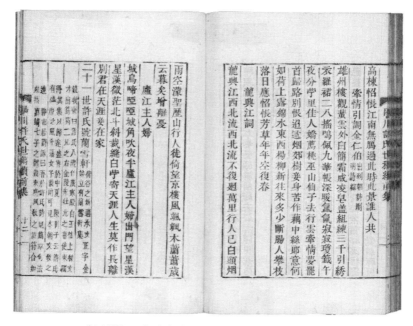

21세 난설헌 소개 뒤에 전목재의 평이 작은 글자로 실려 있다.

○ 전목재(錢牧齋)는 다음과 같이 말하였다.

"허씨가 여덟 살 때 지은 광한전백옥루상량문(廣寒殿白玉樓上樑文)을 금릉(金陵)의 장원인 주지번(朱之蕃)이 동국(東國)에 사신으로 갔다가 그 문집을 구하여 와서 마침내 중국에 성하게 유행하였다."

錢牧齋曰。許氏八歲。作廣寒殿白玉樓上樑文。金陵朱壯元之蕃。使東國。得其集以歸。遂盛傳於中夏。

○ 진와자(陳臥子)[8]는 평하기를, "허씨는 성당(盛唐)의 유풍[9]이

있다." 하였다.

陳臥子云。許氏有盛唐之風。

○『정지거시화(靜志居詩話)』에 이르기를 "나는 허씨의 시에서
장구(章句)의 법이 완연히 가정칠자(嘉靖七子)[10]의 체제임을 보았
다." 하였다.

靜志居詩話曰。吾於許氏詩。見篇章句法。宛然嘉靖七子之作哉。

○『난설집(蘭雪集)』 소서(小序)에 다음과 같이 말하였다.

"규방에 빼어난 자질로 아름다운 꽃을 엮고 꽃을 토함은 또한
천지 산천의 신령스러운 기운이 모인 것이니, 억지로 할 수가 없
으며 또한 막을 수도 없는 것이다. 한나라 조대가(曹大家)[11]는 홀

---

8) 와자(臥子)는 명(明)나라 진자룡(陳子龍)의 자(字)이니, 호는 대준(大樽)으로 경사
(經史)를 두루 통달하고 문장을 잘하였다.

9) 당나라의 문풍(文風)을 초당(初唐)·성당(盛唐)·중당(中唐)·만당(晚唐)으로 구분
하는데, 성당은 당나라 현종(玄宗)의 개원(開元) 연간(713~741)으로부터 대종(代
宗)의 대력(大曆) 연간(766~779)에 이르기까지의 당시(唐詩)가 전성(全盛)하던 시
기를 이른다. 이때에 왕유(王維)와 맹호연(孟浩然), 이백(李白)과 두보(杜甫), 고
적(高適)과 잠삼(岑參) 등의 문인이 배출되었다.

10) 가정(嘉靖)은 명나라 세종(世宗)의 연호로, 가정칠자는 이때에 문명(文名)을 날린
일곱 사람을 가리키니, 이반룡(李攀龍), 왕세정(王世貞), 사진(謝榛), 종신(宗臣),
양유예(梁有譽), 서중행(徐中行), 오국륜(吳國倫)을 이른다.

11) 반표(班彪)의 딸인 반소(班昭)가 조세숙(曹世叔)에게 시집갔기 때문에 조대가라
칭한 것이며, 뒤에 첩여(婕妤)라는 여관(女官)에 봉해져 반첩여(班婕妤)라 칭하기
도 한다. 반고(班固)와 반초(班超)의 매씨(妹氏)로 문장을 잘하여 반고의 뒤를 이
어 『한서(漢書)』를 완성하였다.

륭한 역사책을 만들어 가문의 명성을 이었고, 당나라의 서현비(徐賢妃)[12]는 정벌을 간하여 훌륭한 군주를 감동시켰다. 이는 모두 남자 대장부가 하기 어려운 것인데, 한 여자가 해냈으니, 참으로 천고의 훌륭한 일이다. 붉은 붓으로 남긴 책에 기재된 것을 가지고 보면 이루 다 셀 수가 없는데, 총명한 지혜와 신령스러운 흉금을 없앨 수 없음은 똑 같다. 그렇다면 바람을 읊조리고 달을 읊은 것을 어찌 모두 폐기할 수 있겠는가.

지금 허씨의 『난설헌집』을 보면 또 진세의 밖에 표표(飄飄)히 날아 빼어나면서도 사치하지 않고 화려하면서도 골격이 있으며 유선(遊仙)의 여러 작품은 또 대장부의 시에 해당한다. 상상컨대 그 본질이 바로 비경(飛瓊)[13]의 아류로 우연히 바닷가 나라에 귀양와서 봉호(蓬壺)의 경도(瓊島)[14]와의 거리가 물 하나 사이에 지나지 않았는데, 백옥루(白玉樓)가 한번 이루어지자[15] 난서(鸞書)

---

12) 서현비(徐賢妃)는 당(唐)나라 태종(太宗)의 서비(徐妃)인데, 어진 부인이라 하여 현자(賢字)를 붙였다. 장성(長城) 사람으로 이름은 혜(惠)인데 8세에 글을 잘 지었다. 태종이 이 말을 듣고 불러다가 재인(才人)을 삼았으며, 뒤에 충용(充容)이 되었다. 정관(貞觀) 말년에 사방의 오랑캐를 정벌하고 궁궐을 짓느라 백성들이 고생하자 글을 올려 극구 간하였으며, 태종이 별세하자 슬피 사모하여 병을 이루었고 칠언시(七言詩)와 연주시(聯珠詩)를 지어 자신의 뜻을 나타내었다.

13) 쌍성(雙城)과 비경(飛瓊)은 전설 속의 인물로 모두 서왕모(西王母)를 모시는 선녀들이라 한다.

14) 봉호(蓬壺)는 봉래산(蓬萊山)으로 산 모양이 병과 비슷하여 붙여진 이름이며, 경도는 아름다운 섬으로 신선이 사는 곳이라 한다.

15) 백옥루(白玉樓)는 천상에 있는 누대로 천제(天帝)가 사는 곳이며, 난서(鸞書)는 서신의 미칭이니 난설헌이 천제의 부름을 받고 천상에 있다는 광한전(廣寒殿)의 백옥루 상량문을 지었다고 말한 것이다.

로 부름을 받고 글을 지어 몇 줄의 시와 남아 있는 문장이 모두 주옥을 이루었다. 그리하여 인간에 남아 있어 영원히 그윽한 감상을 채우고 있으니, 또 어찌 숙진(淑眞)과 이안(易安)의 무리가 슬피 읊고 괴로이 생각하여 불편한 마음을 써서 모두 아녀자들의 웃음거리와 빈축을 사는 것과 같겠는가.

허씨 가문에는 훌륭한 재사(才士)가 많아서 형제가 모두 문학으로 조선에서 중망을 받고 있으니, 골육의 정의로 그의 남아 있는 문고를 모아서 전하였다. 나는 이것을 보고 곧 몇 마디를 써서 돌려 주노니, 이 문집을 보면 마땅히 내 말이 틀린 것이 아님을 알 것이다.

만력(萬曆) 병오(丙午 1606년 선조 39) 맹하(孟夏)에 벽제관(碧蹄館) 가운데에서 주지번(朱之蕃)은 쓰다."

蘭雪集小引曰。閨房之秀。擷英吐華。亦天地山川之所鍾靈。不容施。亦不容遏也。漢曹大家成敦史以紹家聲。唐徐賢妃諫征伐以動英主。皆丈夫所難能而一女子辦之。良足千古矣。卽彤管遺編所載。不可縷數。乃慧性靈襟不可泯滅。則均焉。卽嘲風咏月。何可盡廢。以今觀於許氏蘭雪齋集。又飄飄乎塵埃之外。秀而不靡。沖而有骨。遊仙諸作。更屬當家想其本質。乃雙成飛瓊之流亞。偶謫海邦。去蓬壺瑤島。不過隔衣帶水。玉樓一成。鸞書旋召。斷行殘墨。皆成珠玉。落在人間。永光玄賞。又豈叔眞易安輩悲吟苦思。以寫其不平之衷。而總爲兒女子之嘻笑嚬蹙者哉。許門多才。昆弟皆以文學重於東國。以手足之誼。輯其稿之僅存者以傳。子得寓目。輒題數語而歸之。觀斯集。當知子言之匪謬也。

萬曆丙午孟夏卄日。朱之蕃書於碧蹄館中。

○ 양유년이『난설헌집(蘭雪軒集)』제사(題辭)에 다음과 같이 말하였다.

"내가 조선에 사신으로 갔을 때에 예빈시(禮賓寺)에 있는 허부정(許副正)이 그의 세고(世稿)를 꺼내어 나에게 서문을 요구하였는데, 세고 가운데『난설집』이 있었으니 이는 곧 별세한 자씨(姉氏)가 지은 것이었다. 나는 마침 돌아오는 도중이어서 미처 글을 기록하여 보여주지 못했는데, 내가 이미 조정으로 돌아오자 부정(副正)은 나에게 한 질을 부쳐 보내었다. 내가 펴서 반복하여 읽어보니, 신선의 유풍이 물씬 풍겨 사물의 밖에 피어나 진실로 인간세상에 항상 있는 것이 아니었다. 나는 이에 더욱 동국(東國)의 산천이 신령스러워 인물을 잉태하여 낳음이 유여(有餘)함을 믿게 되었다. 허씨 가문의 상서가 영원히 나오고 끊기지 아니하여 비단 거룩한 장부만이 나오는 것이 아니었다.

당나라 영휘왕(永徽王) 초년에 신라의 진덕여왕(眞德女王)이 태평시(太平詩)를 지어서 올렸다. 이것이『당음(唐音)』에 기재되어 지금까지도 회자되어 전해오는데, 이는 선왕인 진평왕(眞平王)의 딸이라 한다. 그렇다면 여자들의 시가(詩歌)가 동방에 있어 그 유래가 이미 멀며,『난설집』은 특히 그 아름다움을 계승하여 유독 성한 자라 할 것이다. 이것을 채집하여 황명(皇明)의 대아(大雅)[16]에 붙여서 만세에 유전함은 사관의 책임일 것이다.

만력(萬曆) 병오년(丙午年 1606) 가평(嘉平) 기망(旣望)에 남해(南

海) 양유년(梁有年)은 쓰다."

余使朝鮮。禮賓寺許副正。出其世稿索余言。而稿目中有蘭雪集。
則其故姊氏所著云。會趨程。未及錄示。余旣歸朝。端甫寄余一帙。
展誦廻環。其㵞㵞乎古先。飄飄乎物外。誠匪人間世所恒有者。余於
是益信東國山川之靈。孕毓有餘。許氏家門之瑞。長發不匱。弗獨偉
丈夫輩出之爲烈者。唐永徽初。新羅王眞德。織錦作太平詩以獻。載
入唐音。至今膾炙相傳。謂爲其先王眞平之女。然則女中聲韻。在東
方從來旣遠。而蘭雪集。尤其趾美獨盛者哉。采以附諸皇明大雅。流
傳萬葉。厥有史氏在矣。

萬曆丙午嘉平旣望。賜進士出身。文林郎刑科都給事中。前翰林院
庶吉士欽差朝鮮副使。賜一品服南海梁有年書稿。

2. 『양천세고』와 『난설헌집』에 수록된 난설헌 시문 대조

『양천세고』 상권에 수록된 난설헌의 시문은 총 23편으로, 그
제목을 순서대로 정리하면 다음과 같다.

[五言古詩]
잡시(雜詩) 1수. 『명시종(明詩綜)』에 보인다.

---

16) 황명(皇明)의 대아(大雅) : 황명은 명나라를 높여 칭찬한 것이며, 대아는 크게 바
른 시가(詩歌)를 이른다.

[五言絶句]

대제곡(大堤曲) 1수

상봉행(相逢行) 1수

장간행(長刊行) 1수

축성원(築城怨) 1수

막수악(莫愁樂) 1수

효최국보체(效崔國輔體) 2수

강남곡(江南曲) 2수

[七言絶句]

보허사(步虛詞) 1수

입새곡(入塞曲) 1수

유선사(遊仙詞) 9수

서릉행(西陵行) 1수

[五言律詩]

효이의산체(效李義山體) 1수

효심아지체(效沈亞之體) 1수

기녀반(寄女伴) 1수

송하곡적갑산(送荷谷謫甲山) 1수

춘일유회(春日有懷) 1수

[七言律詩]

차중씨견성암운(次仲氏見星庵韻) 2수

숙자수궁증여관(宿慈壽宮贈女冠) 1수

차중씨고원망고대운(次仲氏高原望高臺韻) 3수. 『명시선(明詩選)』,
『명시종(明詩綜)』에 보인다.

광한전백옥루상량문(廣寒殿白玉樓上樑文). 여덟 살 때 지은 것
이다.

몽유광상산시서(夢遊廣桑山詩序). 1992년 강릉시 초당공 허균·
허난설헌 오누이시비공원에 건립한 시비에 번역하여 새겼다.

[七言絕句]
죽지사(竹枝詞) 1수. 1998년 강릉시 초당동 허난설헌 탄생지인
475번지 3호 문학산책로에 건립한 허씨오문장(許氏五文章) 시비에
새겨져 있다.

시는 총 34수이며, 기타 문장이 2편 실렸다.

『양천세고』에 실린 난설헌의 시 가운데 『난설헌집』 목판본에
실려 가장 널리 알려진 시문과 내용이 다른 부분은 다음과 같다.

[五言古詩]
잡시(雜詩) : 『명시종(明詩綜)』에 보인다.

[五言絕句]
대제곡(大堤曲) : 2수 가운데 첫째 수로, 내용은 같다.

상봉행(相逢行) : 2수 가운데 둘째 수로, 내용은 같다.

장간행(長刊行) : 2수 가운데 둘째 수로, 내용은 같다.

축성원(築城怨) : 2수 가운데 둘째 수로, 내용은 같다.

막수악(莫愁樂) : 2수 가운데 첫째 수로, 내용은 같다.

효최국보체(效崔國輔體) : 3수 가운데 셋째 수를 첫째로 하고, 첫째 수를 둘째로 하였으며, 내용은 같다. 『명시종(明詩綜)』에 보인다.

강남곡(江南曲) : 5수 가운데 둘째 수와 다섯째 수로, 내용은 같다.

[七言絶句]

보허사(步虛詞) : 2수 가운데 둘째 수로, 내용은 같다.

입새곡(入塞曲) : 5수 가운데 첫째 수로, 내용은 같다.

유선사(遊仙詞) : 87수 가운데 9수로, 내용은 같다.

서릉행(西陵行) : 2수 가운데 첫째 수로, 내용은 같다.

[五言律詩]

효이의산체(效李義山體) : 2수 가운데 첫째 수로, 내용은 같다.

효심아지체(效沈亞之體) : 2수 가운데 둘째 수로, 春雨를 遲雨로 하였다.

기녀반(寄女伴) : 1수 그대로, 내용도 같다.

송하곡적갑산(送荷谷謫甲山) : 1수 그대로, 내용도 같다.

춘일유회(春日有懷) : 1수 그대로, 6구에 閒素塵을 閑素塵으로 하였다.

[七言律詩]

차중씨견성암운(次仲氏見星庵韻) : 2수 그대로, 내용은 같다.

숙자수궁증여관(宿慈壽宮贈女冠) : 1수 그대로, 내용도 같다.

차중씨고원망고대운(次仲氏高原望高臺韻) : 4수 가운데 첫째, 둘째, 넷째 수로, 둘째 수에서 脉을 脈으로 하였다.

광한전백옥루상량문(廣寒殿白玉樓上樑文) : 職綴瓊班 다음 구에 한 구 띄어 朝發蓬萊를 쓰고, 다음 구의 乘龍太淸을 세 번째 구에 옮겨 썼다. 左挹浮丘 다음의 右拍洪厓를 右把洪崖로 썼다. 哄脫紅埃赤日을 笑脫紅埃赤日로 쓰고, 錦幕銀屛之嬬宿을 錦幕雲屛之嬬宿으로, 樹下之吳質無眠을 樹下之吳剛無眠으로 썼다. 劉安轉經을 劉安傳經으로, 大冶鎔鑪를 大冶鎔爐로, 赤霓昂頭를 赤霓仰頭로, 六鼇戴蓬萊之島를 六鰲戴蓬萊之島로 썼다. 微連捧斾를 微連捧旗로, 合鈞天之雅曲을 合匀天之雅曲으로, 鶴背捧麟脯之饌을 鶴背捧麟脯之餠으로, 盤盛八海之影을 盤盛八海之珍으로 썼다.

夢退五色之花를 夢退五色之筆로, 哄展紅牋을 笑展紅箋으로, 溟海茫洋浸斗極을 溟海茫洋漫斗極으로, 抛樑上을 抛梁上으로, 哄看三千年을 笑看三千年으로 썼다.

3. 『양천세고』에 실린 대표적인 작품

○ 꿈 속의 광상산에서 논 시의 서[夢遊廣桑山詩序]

1992년 강릉시 초당공 허균.허난설헌오누이시비공원에 건립

한 시비(詩碑)에 이 시를 번역하여 새겼다. (이 글에서는『양천세
고』의 내용만 밝힌다.)

　　을유년(1585) 봄에 나는 상을 당하여 외구(外舅)의 집에서 우거
하고 있었는데, 밤중에 꿈을 꿔 바다 위 산에 올라갔다. 산은 모두
옥과 옥돌로 만들어져 있고, 여러 봉우리가 첩첩히 쌓였으며, 흰
구슬과 푸른 구슬이 명멸(明滅)하여 눈이 현란해서 똑바로 바라볼
수가 없었다. 상서로운 구름이 그 위를 감싸고 있었는데, 오채(五
彩)가 갖추어져 매우 곱고 선명하였으며, 맑은 물 몇 줄기가 벼랑
사이로 쏟아져 내려 마치 패옥(佩玉) 소리가 들리는 듯하였다.
　　여기에 두 여인이 있었는데 나이가 모두 20쯤 되어 보였으며,
얼굴이 절세가인이었다. 한 사람은 자주색 노을 무늬의 저고리
를 입었고, 한 사람은 푸른 구름무늬의 옷을 입었으며, 손에는
모두 금빛의 호리병을 가지고 경쾌하게 걸어 나와, 나에게 읍(揖)
하였다. 시내 구비를 따라 올라가니, 기이한 나무와 꽃들이 널려
자라서 형용할 수 없었으며, 난새와 학과 공작새가 좌우에서 춤
을 추고 여러 향내음이 숲 끝에 자욱이 풍겨왔다.
　　마침내 절정에 오르니 동남쪽에는 큰 바다가 하늘을 접하여
똑같이 푸르렀으며, 붉은 해가 처음 오르자 파도가 햇빛에 물들
었다. 봉우리 위에는 큰 못이 있었는데, 파란 연꽃이 곱게 피었
고, 연잎이 크게 덮여 있은 바, 반쯤 서리를 맞았다.
　　두 여인은 말하기를, "이는 광상산(廣桑山)입니다. 십주(十洲)
가운데 제일이온데, 그대는 신선의 인연이 있으므로 감히 이러
한 경지에 이른 것이니, 시(詩)를 지어 기록하지 않겠습니까?"
하였다.

나는 사양할 수가 없어서 즉시 한 절구를 읊으니, 두 여인은 손뼉을 치고 웃으며 말하기를, "분명한 신선의 말입니다" 하였다. 얼마 후 한 줄기 붉은 구름이 하늘로부터 내려와서 산봉우리 위를 감쌌다. 북소리가 한번 울리자 나는 놀라 잠을 깨니, 베개와 자리에는 아직도 구름과 노을의 기운이 있었다. 태백(太白)의 천모(天姥)의 놀이가 이에 미쳤는지 모르겠다. 애오라지 이것을 기록한다.

시는 다음과 같다.

乙酉春, 余丁憂, 寓居于外舅家. 夜夢登海上山, 山皆瑤琳珉玉, 衆峰俱疊, 白璧靑熒明滅, 眩不可定視, 霱雲籠其上, 五彩姸鮮, 瓊泉數派, 瀉於崖石間, 激激作環玦聲. 有二女, 年俱可二十許, 顔皆絶代, 一披紫霞襦, 一服翠霓衣, 手俱持金色葫蘆, 步屧輕躚, 揖余. 從澗曲而上, 奇卉異花, 羅生不可名, 鸞鶴孔翠, 翶舞左右, 衆香馥馥於林端, 遂躋絶頂. 東南大海, 接天一碧, 紅日初昇, 波濤浴暈, 峰頭有大池湛泓, 蓮花色碧, 葉大, 被霜半褪. 二女曰, 此廣桑山也, 在十洲中第一. 君有仙緣, 故敢到此境. 盍爲詩紀之. 余辭不獲已, 卽吟一絶, 二女拍掌軒渠曰, 星星仙語也. 俄有一朵紅雲, 從天中下墜, 罩於峰頂, 撾鼓一響, 醒然而悟. 枕席猶有烟霞氣, 未知太白天姥之遊, 能逮此否. 聊記之云. 詩曰,

푸른 바다는 요해(瑤海)를 접하고	碧海侵瑤海
파란 난새는 채란(彩鸞)에 의지하였네.	靑鸞倚彩鸞
스물일곱 송이의 부용꽃	芙蓉三九朶
붉게 떨어지는데 달빛은 서리에 차갑구나.	紅墮月霜寒

허씨는 기축년(1589) 봄에 별세하니, 이때 나이가 27세였다.

스물일곱 송이의 붉은 연꽃이 떨어졌다는 말이 맞은 것이다.

許氏於己丑春捐世 是年二十七 其三九紅墮於驗矣.

○ 죽지사(竹枝詞) 3

1998년에 허난설헌 탄생지인 강릉시 초당동 475번지 3호 문학
산책로에 건립한 허씨오문장(許氏五文章) 시비(詩碑)에 이 시를 번
역하여 새겼다.

나의 집은 강릉 땅 돌 쌓인 냇가로　　　　　家住江陵積石磯
문 앞의 강물에 비단 옷을 빨았다오.　　　　門前流水浣羅衣
아침이면 한가롭게 목란배 매어 놓고　　　　朝來閑繫木蘭棹
짝지어 나는 원망새만 부럽게 보았노라.　　貪看鴛鴦相伴飛

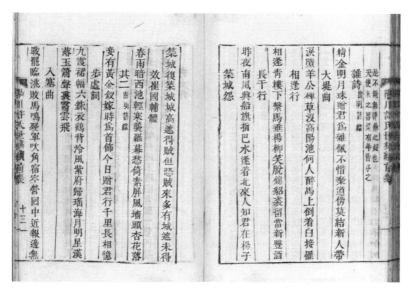

난설헌의 시는 오언절구들이 많이 실려 있다.

칠언절구 「죽지사」는 총 4수인데, 『양천세고』에는 셋째 수만
실려 있으며, 내용은 같다.

4. 『양천세고』에 기록된 허전의 발문

『양천허씨세고(陽川許氏世稿)』는 우리 선조인 문경공(文敬公) 휘
공(珙)으로부터 20세(世)에 걸쳐 91명이 지은 시문(詩文)을 모아 엮
은 것이다.

문경공에서 비롯한 것은 무엇 때문인가? 문경공 이상 9세는 대
대로 삼공(三公)과 삼고(三孤)·경(卿)·중서(中書)·상서(尙書)·제고
(制誥)·사관(史官)·예부(禮部) 등의 관직을 맡고 있었으니, 반드시
찬란하고 성대함이 있었을 것이나, 천여 년의 세월을 지나와 증명
할 만한 문적(文籍)이 없어 전하지 못한다.

또 보첩(譜牒)에 실려 있는 바는 시조(始祖) 이하 10세까지 다만
일본(一本)뿐이고, 방지(旁支: 옆으로 뻗어나간 자손)가 없으니, 10
세 동안 외롭게 일본으로 전해온 것은 매우 의아스러운 일이다.
혹 한둘의 방지가 없지 않으나 아마도 누락됨이 있는 듯하니, 하
물며 이 문자(文字)가 유실됨에 있어서랴. 지금 서북도(西北道: 황
해도·평안도·함경도)에 사는 양천 허씨가 10만이나 되는데, 모두
들 "공암촌주(孔巖村主)의 후손으로 문경공(文敬公)의 손자인데 중
엽에 실전(失傳)하여 족보를 함께 하지 못한다."고 말한다.

문경공은 처음에 다섯 아들을 두어 모두 귀현(貴顯)하였다. 정

(程)은 동주사(東州使), 숭(嵩)은 양천군(陽川君), 관(冠)은 판도랑(版圖郞), 총(寵)은 상장군(上將軍), 부(富)는 대제학(大提學)이다.

지금 족보를 함께하는 양천 허씨(陽川許氏)는 모두 문경공을 조상으로 받드는데, 그중에 판도공(版圖公)의 자손이 가장 번성하고 혁혁(赫赫)하며, 대제학공(大提學公)의 자손이 또 그 다음이다.

세고(世稿)를 편집한 일은 판도공의 9세손인 참찬공(參贊公) 흡(洽)에게서 비롯되어 판도공의 10세손인 판서공(判書公) 악록(岳麓) 성(筬)이 편수하였고, 대제학공(大提學公)의 세계(世系)는 대제학공의 7세손인 검상공(檢詳公) 벽(壁)과 8세손인 집의공(執義公) 사흠(思欽) 숙질(叔姪)이 완성하였다. 각각 그 부조(父祖) 이상으로 하였는 바, 문경공을 종통(宗統)으로 삼은 것은 매한가지이다.

모재(慕齋) 김안국(金安國)이 가장 먼저 서문을 썼고, 명(明)나라의 장공(章貢) 동월(董越)과 운강(雲崗) 공용경(龔用卿), 진릉(晉陵) 오희맹(吳希孟), 금릉(金陵) 주지번(朱之蕃), 남해(南海) 양유년(梁有年), 진강(晉岡) 이정기(李廷機)가 서로 잇달아 서문을 썼다. 그러므로 이 글이 중국에 진달(陳達)되어『시종(詩綜)』에 올라 천하 사람들이 입에 회자(膾炙)되었다.

이를 이어 그 뒤에 상세(上世)의 산일(散逸)된 것을 모아 보충하고 자손들의 저작을 채집하여 더 보탠 것은 판도공의 16세손인 농와공(聾窩公) 허채(許采)의 공로이다. 그러나 편집한 것이 26세에 그칠 뿐이었고, 또 손수 초록한 일본(一本)을 유리(流離)하는 과정에서 잃어버렸다.

선친(先親)[17]이 인산(仁山)의 수령으로 계시면서 문학(文學)하는 선비들을 널리 맞이하였는데, 한 유생(儒生)이 세고(世稿)를 가지고 왔다. 선인(先人)은 이것을 절하고 받아 읽어보시고 마치 조상과 여러 방조(傍祖)를 뵙는 것처럼 숙연해 하시고는 곧 몇 부를 등사하여 간포(刊布)하려는 뜻을 두셨으나, 얼마 후 그만 세상을 떠나시고 말았다.

불초(不肖)는 통한(痛恨)의 마음이 언제나 가슴속에 있었다. 그러다가 임자년(철종 3년 1852)에 족보를 중수(重修)한 끝에 세고를 간행하는 의논을 내었더니, 모두들 좋다고 찬성하였다. 그러나 재력이 부족하여 17년이나 지연되었는 바, 이제 각파의 유문(遺文)이 다 모이었다. 이에 감히 참람함을 헤아리지 않고 가필(加筆)할 것은 가필하고 삭제할 것은 삭제하여 교정하였다.

맨나중에 대제학공(大提學公)의 후손이 그의 세고를 가지고 왔는데, 이것은 농와공(聾窩公)이 미처 알지 못했던 것이었으니, 세월이 오래되고 거주지가 멀었기 때문이었다. 일찍 알았다면 편입하였을 것임이 틀림없다.

이 책의 머리에는 문경공(文敬公)의 유문(遺文) 한 편과 공용경(龔用卿), 오희맹(吳希孟)의 서문이 있으니 분명 증거할 만한 것이었으며, 또 그 아래의 모든 작품이 또한 모두 문경공의 자손이었으니 문경공의 처지에서 보면 한 집안이다.

이에 세차(世次)대로 모아 나누어 위로는 전집(前集)에 **빠진** 것

---

17) 허전의 아버지인 허형(許衡)을 가리킨다.

을 보충하고 아래로는 후편(後篇)에 미비한 것을 갖추었으니, 또한 조상을 높이고 종족을 수합하는 의지이다.

이 시집은 모두 6권으로 7백72편이니, 이것은 옛날『시경(詩經)』의 풍(風)·아(雅)·송(頌)의 유의(遺意)로서 우리 부자(夫子)께서 재정(裁定)하신 뜻이다.

시(詩)는 사람의 성정(性情)에 근본하여 음성(音聲)에 나타난다. 그러므로 득실을 바로잡고 천지를 움직이고 귀신을 감동시킴이 시보다 더한 것이 없다고 말한 것이다. 그러므로 선왕(先王)이 인륜을 후하게 하고 예의를 중시하여 사람들로 하여금 읽고서 선한 마음을 감발(感發)하고 악한 마음을 징계하였던 것이다. 그러므로 시는 풍화(風化)에 뛰어나니, 시의 가르침을 어찌 그만둘 수 있겠는가.

세고(世稿) 안에 다른 잡문을 편입하지 않은 것은 까닭이 있으며, 시도 각각 약간 편만을 취하였으니, 이는 간략함을 따른 것이다. 간략하면 외울 수 있고, 외우면 전할 수 있고, 전하면 오래갈 수 있고, 오래가면 교화할 수 있다. 그러나 옛날『시경』의 3백 편에 비하면 너무 많으니, 세대가 내려오면서 더욱 자세하기 때문이다.

아! 허씨(許氏)의 쇠퇴함이 심하다. 도학(道學)도 없고 문장(文章)도 없으며 관직도 다 없어져서 인물이 묘연(渺然)하다. 분연(奮然)히 진작하고 울연(蔚然)히 일어나서 조상 대대로 전래하던 가업을 계술(繼述)하여 유집(遺集)과 속집(續集)을 만들어 무궁한 세대에 이르기를 모재선생(慕齋先生)의 말씀처럼 한다면 허씨의 명성과 광채가 장차 천지와 더불어 똑같이 영구할 것이요, 선조의 신령(神靈)들도 지하에서 기뻐하실 것이다. 아! 후손들은 어찌 각각 생각하지 않겠는가.

아! 우리 집안의 덕행과 문장이 서로 전해짐이 30세나 되었는데, 불초에 이르러 땅에 떨어져서 다하였다. 공암촌주(孔巖村主)에서 매헌(梅軒)까지 15세(世), 매헌의 둘째 아들 자산공(慈山公) 이하 전적공(典籍公), 별제공(別提公), 봉사공(奉事公), 초당(草堂), 악록(岳麓), 동강(東岡), 소봉(蘇峰), 고원공(高原公), 구도암(求道菴), 상전(桑田), 갈봉(葛峰), 오곡(梧谷), 일천(一川)을 거쳐 불초 허전(許傳)에 이르기까지 15세이다.

나의 아우 주(儔)는 거의 근사하였는데, 겨우 안씨(顏氏)의 나이[18]를 지나자마자 요절하였으니, 참으로 슬프다.

책의 끝에 몇 마디를 간략하게 써서 이 사적(事迹)이 없어지지 않게 하는 바이다.

공암주(孔巖主) 30세 불초손(不肖孫) 전(傳)은 삼가 발문을 쓰니 성상(聖上) 즉위 5년 무진(戊辰; 1868 同治 7년) 5월 단오날이다.

陽川許氏世稿者。 自我先祖文敬公二十世九十一人所著詩文編集也。 始於文敬何。文敬以上九世。世有三公孤卿中書尚書制誥史舘禮部等職。則其必有彬彬郁郁者存。歷歲千餘。文莫之徵。闕而無傳。

---

[18] 안씨(顏氏)는 공자(孔子)의 고제(高弟)인 안회(顏回)로 제자 중에 가장 어질었는데 32세에 요절하였으니, 허전(許傳)의 아우 허주(許儔)가 32세에 죽었음을 말한 것이다.

且譜牒所載始祖以下十世。只一本而無旁支。十世而子子一本。甚可
訝也。不或無一二旁支。而恐有漏焉。則矧兹文字之遺佚者乎。文敬
始有五子。皆貴顯。今同譜之許。咸祖文敬。而版圖公子孫最繁衍赫
赫。大提學公子孫抑其亞也。世稿編集之舉。版圖公之世則肇乎參贊
公。而判書公又修大提學公之世則檢詳公執義公成之。各爲其父祖以
上。而其以文敬爲宗則一也。金慕齋最先有序。皇明董章貢 越, 龔雲
岡 用卿, 吳晉陵 希孟, 朱金陵 之蕃, 梁南海 有年, 李晉岡 廷機
相繼序之。故其文陳於天朝。登諸詩綜。膾炙天下。嗣是以後。捃摭
上世之散逸以補之。採掇繼世之著作以益之者。聾窩公之功也。然所
編止於二十六世。且手抄一本。失於流離之際。我先人出宰仁山。廣
延文學士。有一儒生持世稿而來。先人拜而讀之。愀然如見祖先與諸
旁尊。卽謄寫數本。有志刊布。未幾先人棄世。不肖痛恨在心。於壬
子重修族譜之餘。 發世稿鋟梓之議。咸曰善。然財詘而延至十有七
年。各派之遺文畢集。乃敢不揆僭踰。筆削而校正之。最後大提學公
後孫以其世稿至。此聾窩公未及聞知者。由其歲久而地邈也。早已聞
知則編入無疑也。 其卷首有文敬公遺文一編龔吳之序。 見上明有可
據。又其以下諸作。皆文敬公子孫也。由文敬視之一室也。於是彙分
世次。上以補前集之闕漏。下以備後編之未備。亦尊祖收族之義也。
集凡六編七百七十二篇。此古風雅頌之遺。而吾夫子裁正之意也。夫
詩者本之性情。達之聲音。故曰正得失動天地感鬼神。莫近於詩。故
先王有以厚人倫重禮義。使人讀之。感發懲創。故長於風諭。詩之敎。
烏可已乎。編中不入他雜文者有以也。詩亦各取若干者。從簡也。簡
則可以誦。誦則可以傳。傳則可以久。久則可以化。然比諸古三百篇。

已多矣世。愈近而愈詳故也。嗚乎。今許氏之衰甚矣。道亦喪文亦弊。
官職耗而人物渺然矣。有能奮然而作。蔚然而興。繼述箕裘之業。以
爲遺集續集。至於無窮。如慕齋先生之指。見序文 則許氏聲光。將與
天壤同敝。而先祖神靈。悅豫於冥冥之中矣。嗟嗟來裔。盍各念之哉。
噫。吾家德行文章之相傳垂三十世。而至於不肖。墜地盡矣。吾弟傳
則其殆庶乎。而纔過顏氏之年而夭。慟矣慟矣。略書數行于編末。俾
不泯其跡云。

孔巖主三十世不肖孫傳 謹跋 聖上御極之五年戊辰(同治七年)五
月端陽日

『성재선생문집(性齋先生文集)』권16에 실린 이 발문의 제목은
「양천허씨세고발(陽川許氏世稿跋)」이다. 마지막 줄 "孔巖主三十世
不肖孫傳 謹跋 聖上御極之五年戊辰(同治七年)五月端陽日"은 『성
재선생문집』에 실려 있지 않고, 『양천허씨세고(陽川許氏世稿)』에
만 실려 있다.

5. 『양천허씨보감』 유사편에 소개된 난설헌의 위상

『양천허씨보감(陽川許氏寶鑑)』은 양천허씨대종회에서 2002년
10월 3일에 발간한 자료를 참조하였다. 이 자료는 3권으로 되어
있는데, 유사편(遺事篇), 실록편(實錄篇), 도록편(圖錄篇)으로 구분
되어 있다. 그리고 각 시대별 가, 나, 다 순으로 편집되어 있다.

첫 권의 유사편에 실린 허난설헌에 관한 기록은 "二十一世 楚姬(초희) 1563년(명종 18)~1589년(선조 22)"라는 항목을 설정하고 허난설헌의 생애를 언급하였다.

이어서 청나라 초기의 학자인 목재(木齋) 전겸익(錢謙益), 진와자(陳臥子)의 난설헌에 대한 평가를 다음과 같이 언급하고 있다.

> "허씨가 여덟 살 때 지은 「광한전 백옥루 상량문」을 금릉(金陵)의 장원인 주지번(朱之蕃)이 동국(東國; 조선)에 사신으로 갔다가 그 문집을 구하여 와서 마침내 중국에 성하게 유행하였다.
> (錢木齋曰) 許氏八才。作廣寒殿白玉樓上梁文。金陵朱壯元之蕃。使東國。得其集以歸。遂盛傳於中夏。陳臥子云。許氏有盛唐之風。"

> 진와자(陳臥子)는 평하기를 "허씨는 성당(盛唐)의 유풍이 있다."고 하였다.

> 『정지거시화(靜志居詩話)』에는 이렇게 평하였다. "나는 허씨의 시에서 장구(章句)의 법이 완연히 가정칠자(嘉靖七子)의 체재임을 보았다.
> (靜志居詩話曰) 吾於許氏詩。見篇章句法。宛然嘉靖七子之體裁。"

주지번의 서문과 양유년의 제사(題辭)를 모두 기록하고 있다. 이 2편은 앞에도 소개되었으므로 생략한다.

6. 『양천허씨대종육십년사』 권1에 실린 난설헌의 시들

『양천허씨대종육십년사(陽川許氏大宗六十年史)』는 2017년 12월
3일 양천허씨대종회에서 발행한 책인데, 권1·권2로 되어 있다.

권1에는 허난설헌의 작가 소개가 소상히 적혀 있고, 난설헌에
대한 문화행사와 그 사진들이 소개되어 있으며, 난설헌의 시「견
흥(遣興)」 8수 중에 제3수와 제4수만 소개되어 있다. 그중에 시평
을 요약하여 보면 "시(詩)로써 여인의 섬세한 감성과 심정을 잘
표현하고 있다."고 평하였다.

권2에는 난설헌 묘(경기도 광주시 초월면 지월리 산29-5번지)의
사진을 실었다. 그리고 1986년 5월 7일 경기도 기념물 제90호로
지정되었다고 기록되어 있으며, 「곡자(哭子)」 시비를 제시하고
있다.

위에 제시한 난설헌의 시「견흥」과「곡자」는 난설헌의 원초적
인 여성콤플렉스와 님콤플렉스가 잘 나타난 시들이다.

7. 『초당 4부자의 조천록 연구』에 실린 난설헌의 시들

열상고전연구회가 제95차 학술발표회를 2019년 6월 27일 강릉
녹색도시체험센터에서 양천 허씨 초당공파, 악록공파, 하곡공파,
승지공파와 공동으로 「초당 4부자의 중국 사행과 조천록 학술대
회」를 개최하고, 그 연구결과를 『초당 4부자의 조천록 연구』(양천

허씨초당공파총서 제1권, 보고사, 2020)라는 단행본으로 간행하였다. 이 책에서 5문장가(文章家) 4지제교(知製敎) 집안을 소개하였는데, 이를 통해서도 난설헌의 위상이 드러난다.

조천록(朝天錄)이란 조선왕조 500년 동안 명나라에 보낸 사신들이 기록한 글이다. 청나라에 보낸 사신을 연행(燕行)이라고 하는 것과 달리, 명나라에 보낸 사신은 천자에게 조회한다는 뜻을 살려서 조천사(朝天使)라고 하였으며, 조천사가 기록한 글이기에 조천록이라고 부르는 것이다.

5문장가(文章家)란 초당 허엽과 세 아들 악록 허성, 하곡 허봉, 교산 허균, 그리고 딸 난설헌 허초희를 합하여 부르는 말인데, 한 집안에서 다섯 문장가가 한꺼번에 나온 일이 없었으므로 칭찬한 표현이다. 허균이 『성옹지소록(惺翁識小錄)』에서 다섯 문장가를 함께 소개하면서 5문장가라는 말이 생겨났다.

지제교(知製敎)는 왕의 옆에서 왕을 대신하여 글을 짓는 직책을 가리키는데, 초당 4부자가 모두 지제교를 역임하여 왕의 교서(敎書)를 지었으므로 4지제교라는 표현을 사용하였다.

이 책에 따르면 허균이 꼽은 5문장가 가운데 여성이어서 과거 시험을 볼 수 없었던 난설헌 허초희 이외에는 모두 문과에 급제하여 4부자가 모두 제고(制誥)를 맡았는데, 그중에서 아버지(초당 허엽)가 작고하자 허성이 호당(湖堂)에 사가(賜暇)되었다. 모두 왕의 교서를 짓는 4지제교가 되고, 3형제가 모두 왕의 옆에서 역사를 기록하는 3사관(史官)이 되었다.

성리학을 기반으로 삼았던 조선시대에는 내외 분별에 따라 사대부 부인이 집 밖에 나가 활동할 수가 없었으니 여성은 벼슬을 받을 수 없었지만, 난설헌은 「궁사(宮詞)」에서 자신을 여상서(女尙書)로 설정하였다.

> 천우각 대궐 아래 아침해가 비치면
> 궁녀들이 비를 들고 층계를 쓰네.
> 한낮에 대전에서 조서를 내리신다고
> 발 너머로 글 쓰는 여상서를 부르시네.
> 千牛閣下放朝初。擁箒宮人掃玉除。
> 日午殿頭宣詔語。隔簾催喚女尙書。

「광한전백옥루상량문」에 보면 광한전 주인이 백옥루를 새로 지으면서 상량문 지을 문인이 없어 자신을 불렀다고 상황을 만들었는데, 이 책에서는 난설헌 자신이 천하제일의 문장가라는 자부심에서 이런 구도를 설정하였다고 하였다.

이 책에 따르면 허균이 난설헌의 문집을 중국에 유포한 역할에 대해 다음과 같이 소개하였다.

그는 26세 되던 1594년 봄에 문과에 급제하고, 외교문서를 맡아보는 승문원에서 첫 벼슬을 시작했다. 명나라에서 허홍강(許弘鋼)이 사신으로 오자 윤국형이 접반사가 되었는데, 허균이 종사관으로 따라가서 의주에 넉 달이나 머물며 일했다. 34세에는 이정구의 종사관이 되어 고천준(顧天埈)을 맞았고, 38세에는 유근의 종사관이 되어 주지번(朱之蕃)을 맞았으며, 41세에는 이상의

의 종사관이 되어 유용(劉用)을 맞았다. 그 자신이 기록한 것처럼, 그는 조선시대에 가장 여러 차례 종사관이 되었다.

그는 당대 지식인 가운데서도 가장 국제적인 식견을 지녔으며, 이러한 기회를 통해서 중국의 최신문물을 들여왔다. 외국의 문물을 들여오는 데에만 관심이 있었던 것이 아니라, 우리나라의 문화를 외국에 소개하는 데에도 앞장섰다. 임진왜란 때에 종군했던 명나라 문인 오명제(吳明濟)에게 『조선시선(朝鮮詩選)』을 엮어주어 그곳에서 간행케 했고, 그 뒤에도 명나라에서 사신이 올 때마다 우리 문학을 그들에게 전했다. 주지번을 통해서 누이 난설헌의 시집을 중국에 전하여 그곳에서 출판시킨 것도 그만이 할 수 있었던 일이다. 난설헌의 시는 그 뒤 일본에서도 간행되어, 우리나라 시인 가운데 가장 국제적인 시인이 될 수 있었다.[19]

박현규 교수는 이 책에 편집된 논문에서 허균의 『난설헌집』 중국 유포를 이렇게 설명하였다.

허균은 누이 허난설헌에 대해 각별한 애정을 가지고 허난설헌의 시문이나 『난설헌집』의 유포에 온갖 힘을 쏟았다. 선조 22년 (1589)에 허난설헌이 불행히 27세라는 젊은 나이에 작고하자, 다음 해(1590)에 허균은 남아 있던 누이의 유고를 모아 문집으로 편찬했다. 선조 31년(1598)에 명 학자 오명제, 동왕 35년(1602) 명 종사관 丘坦, 동왕 39년(1606)에 명 사신 주지번과 양유년,

---

19) 허경진 외, 『초당 4부자의 조천록 연구』, 보고사, 2020, 46~47쪽.

광해군 1년(1609) 명 사신 유용과 종사관 徐明, 田康, 楊有土 등
이 한반도에 들어오게 되자 허균은 이들을 접대하는 일을 맡으며
허난설헌의 시문이나 『난설헌집』을 유포시켰다.[20]

---

20) 같은 책, 257쪽.

제4장

난설헌 학술강연회와
학술대회 문화제

1. 허난설헌 학술강연회

1999년 7월 17일 강릉문화원이 주관하고 여성단체협의회(회장 최규숙)가 협력한 허난설헌 강연회에서 필자가 발표한 요지를 하나의 참고 자료로 소개한다.

강릉(江陵)과 허난설헌(許蘭雪軒)

허미자(許米子, 전 성신여대 교수)

오늘 강릉에 와서 여러 어른을 뵙고 허난설헌과 허균과 강릉 초당과의 관계에 관하여 말씀을 드리게 된 것을 영광으로 생각합니다. 오늘 말씀드리는 것은 이미 1991년 7월 31일 강릉일보와의 대담에서 말씀드린 바 있고, 그 내용은 같은 날짜의 강릉일보에 게재된 바 있습니다.

1.

개인적으로 허난설헌은 저의 11대 집안 할머니이시고, 저 자신이 강릉에서 출생하였습니다. 저는 이러한 인연으로 대학에서 허난설헌을 연구하였고, 1984년 『허난설헌 연구』라는 연구서를 성신여자대학교 출판부에서 간행하였습니다.

2.

허난설헌은 봉건적 시대였던 16세기 조선조 사회에서 일찍이 여성의 자의식을 표출한 선각자였습니다. 우리나라 시인의 시집이 중국과 일본에서 출간된 경우는 그가 처음이자 마지막이었습니다.

3.

시의 수준이 너무 높아서 예부터 난설헌의 시 가운데 중국의 시들이 섞여 있다는 비난이 있었습니다. 앞으로 난설헌의 시를 헐뜯기 위하여가 아니라, 객관적인 입장에서 중국의 시와 비교연구를 하여 문학사의 위치를 확립하려고 합니다.

4.

여자가 글을 하면 팔자가 기박하다느니, 암탉이 울면 집안이 망한다느니 하면서, 그를 비판하는 사람이 많았습니다. 심지어는 연암 박지원 같은 석학까지도『열하일기』의「피서록」에서 "규중 부인으로서 시를 읊는 것은 애초부터 아름다운 일이 아니다."라고 비판하였습니다.

그러나 그가 아우인 교산 허균에게 보여준 누나로서의 마음씀이나 자식의 죽음을 겪은 뒤에「곡자」라는 시를 지으면서 밝힌 모성애를 보면, 그도 우리나라 여인들의 미덕을 간직한 현숙한 여인이었음을 알 수가 있습니다. 다만 여자가 너무나 현명하고 명민하였기 때문에 당시의 봉건적 남성으로부터 비판을 받았던 것입니다.

5.

먼저 강릉이라는 고장이 키워낸 허균과 허난설헌의 작품을 감상하시기를 권합니다. 허균의 소설은「홍길동전」만 널리 알려져 있지만, 그는 한문 소설과 시도 지었으며, 서얼차별을 금지하고

인재를 아끼라는「유재론」이나, 위정자는 백성들의 마음을 무서
워하라는「호민론」을 비롯하여 수십 편의 논설도 지었습니다.

6.

강릉이 키워낸 이런 인물들을 널리 소개하고 자랑하는 것도 고
향사람들이 할 일입니다. 고향에서만이 아니라, 서울에서도 이들
의 문학에 대한 강연회를 열고 이들이 써낸 책을 간행하고, 강릉
의 시인이 아니라 한국의 시인과 소설가, 아니 세계의 시인과 소
설가로 널리 알려야 하겠습니다.

7.

강릉시 초당동에 있는 초당선생의 옛집을 강릉시 또는 문화원
에서 구입하여 보존하고 유지하여야 합니다. 허난설헌이 자라난
집 자체가 보물인데, 세월이 흘러가면 그 집조차도 남아나지 않을
것입니다. 강릉에서 그 집을 강릉시의 문화재로 지정하거나, 또
는 공원으로 지정하고, 기념관이라도 건립하는 것이 좋으리라고
생각합니다.

8.

제가『허난설헌 연구』를 쓰기 위하여 그에 관한 자료를 수집하
는데 무척 어려움을 겪었습니다. 양천 허씨 종친회장이었던 친정
오라버니 댁에도 문화재 등록 제40호인 난설헌의 그림 한 폭만이
남아 있었으며, 자료를 구하는데 오랜 시간이 걸렸습니다. 1692
년 동래부에서 목판본으로 간행된『난설헌집』과 필사본들을 구했
으며, 1711년 일본에서 간행된 분다이야 지로베이에(文臺屋次郎兵
衛)의 책은 사람을 보내어 일본에서 복사하기도 했고, 난설헌이

8살 때에 지었다는 「광한전백옥루상량문」은 아우인 허균이 당대의 명필가인 한석봉으로 하여금 글씨를 쓰게 하였는데, 이 글의 목판본을 구하였을 때에는 무척 감격하였습니다. 이 밖의 여러 귀중본을 구한 내력은 강릉일보에 자세히 소개되어 있습니다. 그리고 난설헌과 허균의 작품의 문학성에 관하여서도 강릉일보에 간략히 소개하였고, 난설헌의 작품에 관하여서는 오늘 준비해 온 제 연구서에 자세히 소개되어 있습니다. 참조하시기 바랍니다.

9.

이렇게 수집한 자료들을 기초로 『허난설헌 연구』를 집필하였습니다. 난설헌과 허균, 강릉 초당과의 관계는 이 책의 Ⅱ장 「난설헌의 일생」에 자세히 소개되어 있습니다.

(가) 난설헌의 서울 집은 건천동(지금의 서울 백병원 자리, 예전에는 마른내라고 불렸다고 합니다)에 있었는데, 이는 아버지가 서울에서 벼슬을 하였기 때문입니다. 졸저 24쪽 참조.

(나) 허봉(난설헌의 작은오라버니)과 난설헌은 임영(강릉의 옛 이름)에서 태어났다고 하균의 『학산초담』에 밝혀 놓았습니다. 아버지는 서울에서 벼슬을 하고, 가족은 강릉에서 출생하고 그곳에서 성장한 것으로 기록되어 있습니다. 졸저 23쪽 참조.

(다) 허균과 허난설헌의 아버지인 허엽의 호는 초당이었고, 허엽이 자신의 호를 초당이라고 한 것은 강릉의 본 집이 있는 초당동의 이름을 따온 것이라고 전하고 있습니다.

10.

위에서 살펴본 바에 따르면, 허난설헌은 강릉 초당에서 출생하고 이곳에서 성장하였다고 양천 허씨 문중에서는 믿고 있습니다.
다만 강릉의 읍지를 구하지 못하여 이를 더욱 분명히 증명하지는
못하고 있습니다만, 허균의 『학산초담』에 실린 글을 보면 강릉
초당은 우리나라에서 가장 존경하는 여성 작가로 동양에서 명성
이 높은 허난설헌의 본향이라고 하며, 허난설헌 작품을 통하여
볼 때도 이런 근거가 표출되어 있습니다.

2. 학술대회

1) 1999년 7월 17일에 교산허균 난설헌허초희 선양사업회가 창
립되고, 그 해 10월 3일(음력 8월 24일) 교산공의 기일에 제례를
봉행한 후 다음날 선양사업회와 강원도민일보가 공동 주관한 허
균사상학술강연회, 허난설헌 추모 여성백일장, 홍길동 가장행렬,
허균 난설헌 시 낭송회, 초당 솔밭음악회, 허난설헌 추모 난 전시
회 등 다채로운 문화 행사가 성황을 이루었다.

2) 1999년 11월 10일 양천 허씨 종친회가 주관하고 강릉시가
주최, 문화체육부 후원으로 동국대학교 이병주 명예교수가 「여류
시인 허난설헌」이라는 주제로 특강을 하였다.

3) 2000년 11월 29일에 강릉대학교에서 「강원의 문화인 선정」
기념으로 허균 허난설헌 학술회가 개최되어, 이승매(중국 청도해

양대학교) 교수가 「허난설헌의 시세계」라는 연구발표를 하였다. 이와 같은 연구발표회를 계기로 하여 허균 허난설헌 국제세미나가 매년 개최되었다.

4) 제3회(2001년 9월 22일)
이승매(중국 청도해양대) : 『난설헌집』과 『단장집』 비교 연구
박현규(순천향대) : 중국 문헌에 수록된 허난설헌 작품의 실체와 계보
장정룡(강릉대) : 허균의 「궁사(宮詞)」에 나타난 궁중풍속
허경진(연세대) : 『동시품휘보(東詩品彙補)』와 허균의 과체시
이이화(역사문제연구소) : 허균의 개혁사상과 새천년의 미래사회

5) 제4회(2002년 10월 19일)
이승매(중국 청도해양대) : 허초희와 이청조(李淸照)의 작품세계 비교
허휘훈(중국 연변대) : 북한에서의 허균과 그 문학 연구
박현규(순천향대) : 한중 고대 여성작가 허난설헌과 이청조의 비교 연구
양언석(관동대) : 허균의 사상과 전(傳) 연구
장정룡(강릉대) : 「유선사」에 나타난 허난설헌의 세계관
강동화(강원대) : 허균의 문학세계

6) 제5회(2003년 9월 20일)

　장정룡(강릉대) :『난설헌집』판본 현황과 번역 실태

　양언석(관동대) : 난설헌 시의 공간적 특성 연구

7) 제6회(2004년 9월 11일)

손덕표(중국 연변대) : 허균의 당·송·명 및 조선시가에 대한 비평

허경진(연세대) : 허난설헌의 남매들

장정룡(강릉대) : 북한 출판 만화『홍길동』내용 고찰

8) 제7회(2005년 9월 10일)

최강현(한국기행문학연구소) : 교산 허균 공은 하느님 신자였다

허휘훈(중국 연변대) : 허균의 학당론(學唐論)과 그 시론적 좌표

이원혜(일본 궁성교육대학) : 조선의 시인 허난설헌의 그림

신대철(강릉대) : 난설헌 허초희와 교산 허균의 시에 담긴 음악
　　　　　　　　과 그 세계

박현규(순천향대) : 허균 사(詞) 분석

김풍기(강원대) : 허균의 문학적 토대와 독서 경향

장정룡(강릉대) :『홍길동전』북한판 윤색본과 연재만화 교찰

9) 영동문화 창달을 위한 학술대회(허난설헌의 삶과 문학세계,
　　2005년 10월 26일)

허경진(연세대) : 허난설헌의 생애를 통해서 본 조선시대 여성의
　　　　　　　권리

정경숙(강릉대) : 허난설헌의 시집살이를 통해 본 여성의 삶

박현규(순천향대) : 허난설헌 문학의 다양한 모습과 평가

10) 제8회(2006년 9월 16일)

정경숙(강릉대) : 양계적 사회에서의 허난설헌의 삶

박현규(순천향대) : 허난설헌 자료조사 찰기(札記)

장정룡(강릉대) : 허균이 평한 허난설헌의 생애와 문학

강원도민일보와 허균·난설헌선양사업회가 주관한 위의 학술세미나가 끝난 후에 교산난설헌학회가 처음으로 창립되었다.

11) 2007년 9월 15일에 허균·난설헌선양사업회와 허균·난설헌학회, 양천허씨강릉종중이 주관하여 제1회 학술상 대상을『허난설헌』저자인 필자가 받았다.

12) 2018년 10월 6일 강릉시청 대회의실에서 한.중.일.프랑스 학자들이 참석한 가운데 허균 서거 400주년 국제학술대회가 개최되었다.

이날 주제 발표자는 연세대학교 허경진 교수, 강릉원주대학교 장정룡 교수, 일본 오사카시립대학교 노자키 미쓰히코 교수, 프랑스 파리 디드로대학 한국학과장 피에르 엠마뉘엘 후 교수, 중국 양주대학교 유창 교수, 중국 남통대학교 천금매 교수, 경상대학교 한문학과 윤호진 교수, 고려대학교 한문학과 심경호 교수, 순천향대 중문학과 박현규 교수, 연세대학교 중국연구소 김영숙 연

구원, 고려대학교 한자한문연구소 장진엽 연구원, 연세대학교 강
사 성아사 등이 발표하였다.

3. 허난설헌문화제

1) 문화제의 역할에 대하여

사단법인 교산·난설헌선양회 이사장인 강릉대 장정룡 교수가
420주기 난설헌 추모행사에 즈음하여 난설헌문화제에 대하여 이
렇게 평가하였다.

"난설헌문화제는 가라앉은 시대의 희망을 건져올리고 자유로
운 예술혼을 꽃향기처럼 퍼뜨리는 축제로서 유망주(遊望舟)를 주
제의식으로 표상하였다. 세계인이 문화예술로 노닐며, 절망에서
희망을 꿈꾸며, 영혼의 자유를 어둠의 심연에서 건져내는 의례이
다. 문학은 인식과 형상의 복합체이며, 서정적 자아와 세계의 교
감이기에 추모제, 문학행사, 전시행사, 예술행사, 체험행사 등 다
채롭게 통섭하고자 하였다. 여성시문학상, 헌다례, 전국시낭송
회, 전국글짓기대회, 한국과 독일작가 9명의 난설헌문학 설치미
술, 시 휘호와 꽃을 부활한 난설헌의 생애, 보석으로 살아난 조선
규방 칠보공예, 초희의 꿈 창무와 강릉시립교향악단과 합창단의
주옥같은 난설헌 곡이 통섭과 감흥의 장을 만들었다. 난선헌이
뛰어난 여성문인이었음은 하늘에서 쓰인 시라는 평가처럼 다양한

문학장르와 시서화를 통해서 오늘에 증명된다."

-「강원도민일보」 2017년 4일(수) 보도기사

2) 허균 난설헌 문화제 행사

1999년 10월 2~3일 이틀간 제1회 허균 허난설헌 문화제가 초당 동 허균·허난설헌 생가와 시내 일원에서 강릉시가 주최하고 허균 허난설헌 선양사업회가 주관하여 열렸으며, 그 이후 매년 열린다.

난설헌문화제 외의 행사까지 포함하여, 아래에서 장르별로 소 개한다.

4. 난설헌을 다양한 현대 장르로 재현한 강릉의 예술무대

1) 인형극

「부용화 스물일곱 송이」

이 인형극은 2013년부터 2019년까지 단오인형극단에서 공연 하였으며, 작가 최서우가 연출하였다. 강릉문화원이 주최하고, 인형교실 수강생들이 공연하였다. 주제는 "시대를 거부한 여인 난설헌의 일대기"로, 시작부터 제목에 걸맞게 「몽유광상산시(夢遊 廣桑山詩)」가 제시된다. 시대적 배경은 조선중기(1563~1589)이다. 구성은 5막이다.

1막 : 허초희의 탄생부터 시작.

2막 : 허초희의 집을 배경으로, 초희와 아버지, 어머니, 오라버니 허봉, 스승 손곡 이달이 등장한다. 초희의 공부하는 모습.

3막 : 초희와 남편 김성립, 시아버지와 시어머니가 등장한다. 시어머니는 초희에 대한 불만을 "암탉이 울면 집안이 망한다.…" 등등으로 털어 놓는다.

4막 : 초희가 딸과 아들을 잃고서 애통하는 모습. 「곡자(哭子)」 시를 읊는다.

5막 : 초희의 독백. "오늘도 서방님은 아니 돌아오시네."라고 하면서 유모에게 "내게는 즐거움이 없네. 오직 낙이라고 하면 글을 짓는 것이지. 책과 붓이 없다면 나도 없다네. 그런데 세상은 내게서 그것마저 빼앗으려 하네"라고 한다.

인형극 「초희야! 뭐하니」

인형극 「난설헌의 꿈」

유모가 질문하자 「몽유광상산시(夢遊廣桑山詩)」를 풀이해 준다. "나는 이제 신선이 사는 세상으로 갈 것이네. 그곳에 가면 아버님도 희윤이도 볼 수 있겠지"라고 신선세계를 동경한다.

2016년 난설헌허초희문화제에서는 인형극 「초희야! 뭐하니」가 공연되었다.

올해 2022년에는 허균·난설헌기념공원 생가터에서 4월 7일 오후에 솔향 인형극단이 「난설헌의 꿈」 인형극을 공연한다.

2) 동화

「앙간비금도(仰看飛禽圖)」

2019년 12월에 간행된 강릉문학(江陵文學) 27호에 제9회 강릉문학상 작가상 수상작가로 이정순 작가의 동화 「앙간비금도(仰看

飛禽圖)」가 실려 있다.

이정순 작가는 허난설헌의 그림(문화재 제40호)을 소재로 하고, 작가의 무한한 상상력으로 이 그림을 재구성하여 아동문학의 범주를 넓혔다.

이 동화는 표제를 형상화하는 작업으로 독자와의 공감대를 형성하였다. 그러나 주인공 허난설헌의 생애를 중심으로 하고, 이달 선생과의 공부 이야기가 전개과정의 대부분이어서 다소 아쉬움을 남겼다. 대단원의 마지막 부분에서 "다정하고 따뜻한 아버지 엽의 마음을 헤아리며 아름다운 그림 한 폭을 채우고 있었다."고 난설헌 작품세계의 주제를 밝혀, 동화 줄거리와 주제가 잘 융합되지 않은 느낌이 든다. 어린이를 독자로 정한 만큼, 처음부터 끝까지의 이야기 전개가 어린이의 눈높이에서 독자들에게 다가오면 더 좋았을 것이다.

3) 창작오페라

「달의 여인 초희」

2014년 9월 22일 오후 7시 30분 강릉문화예술관 대공연장에서 강릉시립예술단이 창작오페라 「달의 여인 초희」를 공연하였다.

다양한 제작진이 이 공연에 합류하였다. 지휘자 류성원과 박동희, 극본 박용재 시인, 작곡 이병욱 교수, 해설과 진행에 김상중 배우, 소프라노 김정연, 테나 정능화, 바리톤 박찬일, 무용 최희

아리아 「이 마음을 아셔야 합니다」를 부르는 초희

「달의 여인 초희」 포스터

윤, 합창 강릉예총 청소년합창단원들의 정열로 오페라가 성황리
에 공연되었다.

「초희」

2015년 12월 11일 오후 7시 30분, 12월 12일 오후 4시, 두 차례
에 걸쳐 강릉원주대 해람문화관에서 강릉시립예술단의 창작오페
라 「초희」가 공연되었다.

제작진은 다음과 같다. 극본과 가사에 박용재 시인, 작곡 이병
욱 교수, 연출 한진섭, 나레이터 서이숙, 뮤지컬 가수 임혜영, 박
철호, 박성환, 전재홍 배우를 비롯한 앙상불 윙크 단원들의 노고
와 강릉시립교향악단 류석원 지휘자와 단원들, 강릉예총 청소년

해마다 아리아의 밤이 공연되고 있다.

합창단원들의 노고에 창작음악극의 큰 보람을 느꼈다.

「초희 허난설헌」

2019년 12월 12일 오후 7시 30분에 작은 공연장 단에서 강릉예총과 강릉시가 주최 주관하고 강원도와 강릉문화재단이 후원하여 창작음악극 「초희 허난설헌」을 공연하였다.

이 창작음악극은 "2019 강릉 그리기는 초희 허난설헌의 행복한 순간을 그려보고자 한다."라는 목적으로 제작되었다. "지역 예술인들이 협업하여 무용, 음악, 사진, 영상 등의 구성이 어우러져 시각예술과 공연예술이 조화를 이루어 무대작품을 기획하였다."

고 한다.

총감독 박선자, 연출 조영택, 조연출 김태규, 안무감독 김의정, 영상오퍼레이터 김혜민, 음양 오퍼레이터 정규범, 작곡과 편곡 이태영, 신지혜, 김다향, 노래 지도 김우태, 무대영상은 영상시대가 제작에 참여하였으며, 사진작가협회 류제원 자문위원이 사진을 협조하였다.

이 밖에 출연자들과 강릉예총 청소년합창단의 합창이 노래를 맡았고, 드럼 송두용, 베이스 정의진, 기타 이태영, 건반 이다함, 신지혜 등의 연주자들이 열정적으로 협찬하여 관중들을 감동시켰다.

4) 작곡 발표

이정근 작곡가의 난설헌 시 작곡 발표

충청북도 청주에 사는 이정근(李廷瑾) 작곡가가 "난설헌 시의 내용이 너무나 가슴에 다가와서 노래를 만들었으며, 2020년부터는 난설헌 시에 곡 붙인 것들을 녹음하고 있다."고 한다. 현재는 코로나 상황으로 녹음이 지연되고 있는데, 현재까지 발표한 노래들은 다음과 같다. 최근에는 난설헌의 동생 허균의 시에도 작곡을 하였다.

이정근 작곡가의 난설헌 노래들은 유튜브를 통해서 요즘도 보고 들을 수 있다.

1) 2014년 교산허균문화제

    일시 : 2014년 9월 20일(토) 18시 30분

    장소 : 난설헌 생가터 솔밭무대

    곡명 :「규원(閨怨)」

    노래 : 소프라노 손은정

2) 2015년 난설헌문화제

    일시 : 2015년 5월 2일(토) 19시 30분

    장소 : 난설헌 생가터 솔밭무대

    곡명 :「규원(閨怨)」

    노래 : 소프라노 여영화

3) 2016년 난설헌문화제

    (1일차)

    일시 : 2016년 4월 23일(토) 19시 30분

    장소 : 난설헌 생가터 솔밭무대

    곡명 :「봉선화 물들이며」

    노래 : 소프라노 김한나

    (2일차)

    일시 : 2016년 4월 24일(일) 10시

    장소 : 난설헌 생가터

    곡명 :「규원(閨怨)」,「황주염곡(黃州艶曲)」(허균 시)

    연주 : 바이올리니스트 노선

5) 난설헌 전국 시낭송대회

2014년부터 난설헌 시를 전국적으로 알리기 위해 (사)교산·난설헌선양회에서 「난설헌 전국 시낭송대회」를 주최하고, 강릉시와 강원도에서 후원하였다. 2021년에 개최된 제6회 난설헌 전국 시낭송대회는 전국 각 지역에서 예선을 통과한 12명이 6월 20일 (토) 오후 2시에 허균·난설헌기념공원 사랑채 뜰에 모여 경연(競演)하였다. 각자 개성 있는 복장으로 참석하게 되어 있는데, 대부분 아름다운 한복을 입고 참가하여 무대가 더욱 아름다웠다.

낭송 작품은 난설헌 시 1편과 자유시 1편이며, 낭송 배경음악은 본인이 녹음하여 가지고 와서 공연하였다. 심사기준은 미리 공개했는데, 난설헌시 60%, 자유시 40% 배점으로 표현력과 태도, 운율의 적정성, 내용의 정확성, 시간 활용도 등에 대해서 각 25점씩

제5회 시낭송대회 심사를 하는 동안 역대 수상자들이 낭송하고 있다.

배점하며, 동점일 경우에는 연장자 순으로 순위를 결정하였다.

2021년 제6회 대상(난설헌상) 수상자는 충청남도 논산에서 참석하여 지정시 「감우(感遇) 1. 2」와 이육사의 시 「편복(蝙蝠)」을 낭송한 이규화로 선정되었다. 금상 김옥승(경기 성남), 은상 김민영(서울), 동상 이마리(서울), 정미용(서울), 장려상 조형련(광주), 정윤채(강원 춘천), 유옥렬(강원 양양) 박영신(서울), 박길선(강원 강릉), 배덕정(서울), 김춘희(충북 제천) 등의 입상자 면모를 보더라도 전국 각 지역에서 참가하여 수준 높게 경선했음을 알 수 있다. 입상자들의 낭송은 개인적인 유튜브를 통해서 난설헌의 아름다운 시를 전국적으로 전파하고 있다.

제 5 장

다양한 예술로 되살려낸
난설헌

1. 허난설헌이 주인공으로 등장한 현대소설

1) 최정희의 단편소설 「허난설헌」

1965년 어문각에서 출판한 『여류한국(女流韓國)』 박화성(朴花城)·최정희(崔貞姬) 두 작가의 작품 중에서 최정희(1912~1990) 작가가 쓴 「허난설헌 – 촌부(村婦) 애환(哀歡) 불러 박명(薄命)에 산 가인(佳人)」이라는 제목의 작품이 『허난설헌 평전』(장정룡, 새문사, 2007) 부록에 실렸기에, 이를 저본으로 삼아 분석해 보았다.

지금부터 57년 전에 지은 작품이라는 점을 감안해 보면, 최정희 작가는 허난설헌의 생애를 중심으로 역사적인 고증만으로 이야기의 줄거리를 진행하고 있다. 주인공 허난설헌의 한시를 번역해서 싣지 않았으며, 허난설헌의 작품을 통해서 주인공의 의식세계에 대해서도 형상화하지 않았다.

구성상 대단원의 결말 부분에 있어서도 허난설헌의 죽음의 과정을 "이때 난설헌의 나이 27세, 어릴 때부터 자기는 27세에 죽을 것이라는 말을 가끔 하였다. 또 그녀의 어떤 시에는 그런 내용이 비치어 있다."라고 표현하는 과정에서 주인공 허난설헌의 시 「몽유광상산(夢遊廣桑山)」을 직접 인용하지 않은 점 등, 허난설헌의 작품세계와 의식세계에 관한 접근 방법이 전혀 형상화되지 않은 점이 아쉽다.

그러나 현대 작가 가운데 최초로 허난설헌에 관심을 가지고 주인공으로 삼아 작품을 써서 독자들에게 알렸다는 점은 우리 문학사에 기록할 만하다.

2) 김신명숙의 장편소설 『불꽃의 자유혼 – 허난설헌 1, 2』

김신명숙 작가의 장편소설 『불꽃의 자유혼 – 허난설헌』은 두 권으로 편집되어 1998년 12월 금토에서 출판되었다.

제1권 서두 「작가의 말」에 "한국여성사를 바꿀 선구의 횃불"이란 표제어가 독자인 나에게 각인(刻印)되었다. 그것은 작가의 확고한 역사관과 여성관이 기초작업으로 작품의 초석(礎石)을 이루고 있다는 생각이 들었기 때문이다.

그 뒤에도 「작가의 말」에서 다른 독자들에게 소개하고 싶은 말들이 이어진다.

"한 마디로 그녀는 조선역사를 통틀어 가장 성공한 국제적 베스트셀러 시인이었던 셈이다. …

허난설헌은 조선조 최고의 페미니스트이기도 했다. …

허난설헌의 짧은 생은 내게 더할 나위 없이 드라마틱하게 다가왔다. …

너무 오랜 세월 은폐되어 온 탓으로 우리가 알지 못했던 저항하는 여성들의 역사가 분명히 존재한다는 확신이 선 순간, 나에겐 허난설헌을 그 새로운 역사의 상징적 인물로서 역사의 매장으로부터 부활시켜야 한다는 사명감이 생겨났다.

그 사명감은 아직도 그녀가 받고 있는 부당한 대우를 떠올릴 때면 더 절실해졌다. 허난설헌은 전체 조선 여성 중 가장 빛나는 독자적 성취를 이룬 인물이었다. …

나는 그녀를 역사 속에서 불러내 새로운 생명을 불어넣어 주고

싶었다. 아니, 그래야만 했다. 이 소설은 그같은 사명감이 만들어
낸 첫 번째의 작은 결실에 불과하다."

김신명숙 작가는 「작가의 말」에서 이미 이 소설을 써야겠다는
절실한 욕구를 독자들에게 전달하여, 작가 자신부터 자아실현을
하였다.

이 장편소설의 긴 이야기 마디 마디에 작가는 주인공 허난설헌
의 의식세계를 주변 인물들을 통해 독자들에게 전달하고 있다.

"여자도 사람이거늘 어찌하여 그 한 몸 규중 깊이 갇히었고,
너울과 장옷은 그 어찌 사계절의 구속이 아니리오. 눈 있어도 보
지 못하니 억울한 장님이오, 입 있어도 말 못하니 답답한 벙어리
오. 남자 축첩 당연한데 과부 수절이 웬 말이며, 냉대뿐인 낭군에
게 순종하라 웬 말이오. 군자니 선비니 한낱 허울 불과한데, 부덕
이니 현숙이니 하루하루 숨 막히오. 글 읽는 소리 낭랑한 곳 부인
피땀 숨어 있고, 풍악소리 낭자한 후 기생 한탄 이어지네."

등등, 등장인물들의 절규(絶叫)가 작가의 의도하는 바 여인국
(女人國)을 건설해 보기도 하며, 여성들이 스스로 자기 발견을 통
하여 이상향(理想鄕)을 건설해 보기도 한다.

작가의 의도는 훌륭했지만, 아쉬운 점도 없지 않아 있다. "나는
그녀를 죽은 역사 속에서 불러내 새로운 생명을 불러넣어 주고
싶다."라고 하면서, 반드시 통속적(通俗的)인 남녀(男女)의 성행위
(性行爲)를 표출시켜야 할 의도가 어디에 있는지 묻고 싶다. 그것
도 당시로서는 불륜(不倫)이라고 비난받던 행위를 난설헌에게 하
게 하여, 또 하나의 비난거리를 만들 필요가 있었는지.

여기서 주인공 난설헌의 작품 속에 나타난 초속적(超俗的)인 피안사상(彼岸思想)을 통하여 주인공의 콤플렉스를 아름답게 승화시킬 수 있지 않았을까 하는 독자로서의 바람이 생긴다.

끝마무리에 '에필로그'와 부록으로 제시한 「허난설헌의 생애와 문학세계」(연세대학교 허경진 교수)가 총체적인 정리 과정이라고 보면, 독자들에게 큰 도움이 되었다고 생각된다.

김신명숙의 소설
『불꽃의 자유혼 – 허난설헌』

3) 최문희의 장편소설 『난설헌』

최문희 작가의 장편소설 『난설헌』은 2011년 10월 10일에 발간되었는데, 이 작품이 제1회 혼불문학상을 받았다. 이 책 말미에 「작가의 말」이 실려 있다.

"한때 나는 '아름다운 여인'을 주인공으로 소설을 쓰고 싶었다. 시대를 건너뛰면서 두리번거리다가 조선의 시인 난설헌에게 머물렀다. 그것은 발견이었고, 계기였을 것이다. 사람들이 다 나름대로 아름다움을 관조하는 잣대는 다르지만 단순히 예쁘다, 귀엽다는 차원이 아닌 총체적인 미(美)를 아우르는 표현이 아름다움이

아닐까. 정갈하게 다듬어진 외모
와 빛의 알갱이처럼 영롱한 영혼
의 소유자, 세속에 때묻지 않은
순수, 원망이나 미움, 화를 자신
의 내부로 끌어당겨, 시라는 문자
를 통해 여과시켰던 난설헌이야
말로 아름다움의 표상이었다."라
고 최문희 작가는 진솔한 창작동
기의 당위성을 호소력 있게 독자
들에게 전달하였다.

최문희의 장편소설 『난설헌』

최문희 작가는 주인공 난설헌
의 생가인 강릉 초당의 현장 답사
를 통하여 전근대사회의 전통, 문화, 제도에 관한 그 시대 사대부
가(士大夫家)의 생활 양상과 풍속을 역사 속에서 고증하면서 풍부
한 언어로 구사하고 있으며, 아울러 등장인물들의 심리묘사도 생
생하게 표출하고 있다.

따라서 시공(時空)을 초월한 주인공 '초희'라는 인물의 의식세
계를 통하여 전근대의 시공을 뛰어넘어 자연스럽게 현대와 접목
시키며 잘 형상화하고 있다.

4) 이진의 장편소설 『하늘 꽃 한 송이, 너는』

이진 작가의 장편소설 『하늘 꽃 한 송이, 너는』이라는 작품은

2019년 1월 4일에 발간되었다. 책머리에 유금호(목포대 명예교수) 작가의 「추천의 말」이 실려 있고, 이어서 「작가의 말」이 실려 있다. 작품의 이해를 돕기 위하여, 추천사부터 소개한다.

"오랜만에 여운이 길게 남는 소설 한 편을 읽었다. 처음엔 허난설헌에 관한 이야기란 말을 듣고 내심 걱정을 했더랬다. 그 동안 난설헌을 다룬 작품이 적지 않은데 새삼 거기에다 뭘 더 보태려는 걸까. 난설헌 자신이 남긴 빼어난 시와 문장을 과연 얼마나 새롭게 해석해낼 수 있을까 등등.

하지만 읽어 내려가는 동안 내 의심과 걱정은 자취를 감추고 말았다. 펄떡거리는 생생한 장면과 바로 곁에선 듯 숨쉬는 인물, 현대적 시어로 다시 태어난 난설헌의 시, 그리고 짧은 호흡으로 달려가는 문장이 날 온전히 소설에 몰입시켰기 때문이다. …"

"많은 이들이 이 소설을 읽으면 좋겠다. 시가, 소설이 어떤 특정한 능력의 산물이 아니라 삶 자체의 드러냄이자 표현이라는 걸 느꼈으면 한다. 누구나 자신을 위한 글을 쓸 수 있다. 이 소설은 사뭇 진지한 주제를 다루면서 동시에 그런 설렘을 선물한다. '내 이름은 미금이다'와 같은 단순한 첫 문장으로 시작하는 일쯤 얼마든지 가능하다고. 또 아는가? 이런 시작이 당신에게 영원의 이름을 가져다줄지 …?"

「작가의 말」에서는 창작동기를 이렇게 설명하였다.

"고등학교 시절 교과서에서 처음 허난설헌의 시를 만났다. 하지만, 시 자체보다는 시인의 가슴 아픈 삶이 날 더 사로잡았다. 조선시대의 여성에게는 요구되지 않았던 뛰어난 글재주로 하여

가족들(친가)에게 넘치는 사
랑을 받았고, 또 다른 가족
들(시가)에겐 넘치는 미움을
받았던 그.

　사회의 모든 분야, 교육
의 모든 과정에서 여성을 은
근히 배제하는 문화 속에서
자란 열일곱 살의 여고생이
던 나는 사백 몇십 년 저 너
머에서 한 여인이 내쉬는 커
다란 한숨소리에 감전되고
말았다. 그 감전사고는 참으

이진의 장편소설 『하늘 꽃 한 송이, 너는』

로 오랫동안 내 삶의 한 소망이 되었다."

　독자의 입장에서 보면 이 장편소설은 주인공을 구심점으로 한
등장인물들의 토속적인 표출 언어가 특징적이며, 이야기의 전개
과정에서 시점(視點)을 주인공의 주변 인물에 더 비중을 둔 점이
구성상의 특징으로 보여진다.

　한편 소설의 편집상 특징이라면 프롤로그(어떤 시작)와 에필로
그(어떤 마무리)라는 항목을 설정한 것이다. 에필로그 뒤편에 문학
평론가 오태호 교수가 「요절한 천재 시인의 삶, 애도하는 몸종
– '몸종 비금이'의 시각으로 본 허난설헌 일대기」라는 표제를 붙
이고 전체의 줄거리를 압축하여 재구성하였다. 허난설헌의 그림
「앙간비금도(仰看飛禽圖)」를 비중 있게 다룬 것도 이 작품의 구성

적 특징이다.

5) 류서재의 장편소설 『초희』

류서재 작가는 2010년에 장편소설 『사라진 편지』라는 작품으로 제42회 여성동아 장편소설상을 받았다. 이후에도 계속 여러 편을 발표하여 여러 문학상을 받았는데, 10년이 지난 2020년 12월에 『사라진 편지』를 『초희』라는 제목으로 복간한다고 「작가의 말」에서 밝혔다.

이 작품의 앞부분에 「일러두기」 6항목을 제시했는데, 이러한 일러두기는 이 작품을 읽는 독자들에게 도움이 되리라고도 생각되지만, 한편으로는 작가적 양심을 기피하는 탈출구라고도 생각된다. 문맥을 파악하기 위해 첫째 항목과 넷째 항목만 소개한다.

"이 작품은 인간사회 탐구하는 문학 과제를 위해 역사 소재만 차용했고, 역사적 사실 묘사 자체를 목적으로 하지 않는다. 이 작품은 오직 허구로만 의미를 가진다."

"인물들의 나이 차이와 성격화는 작품 분위기에 따라 설정하였으므로 사실과 차이가 있다."

이 작품에 대하여 정과리(연세대 국문과) 교수는 「『초희』를 읽는 세 겹의 문」이라는 제목으로 해설을 썼는데, 이 가운데 몇 군데를 간략하게 소개한다.

"『초희』를 재미있게 읽기 위해서 나는 독자에게 주인공의 드라마로부터 눈길을 살짝 비키기를 권하려 한다. …

류서재의 장편소설 『사라진 편지』와 『초희』

이 작품에서 아름다운 '사건'은 무엇인가? 그것은 무엇보다도 '허난설헌' 그녀가 쓴 시문들이다. 그 시문들은 아주 섬세한 언어들로 이루어져 있다. …

초희적 세계의 독립성은, 그러니까 그녀의 시문들에서 뿐만 아니라 그녀의 생애에서도 되풀이해 인지되는 작품의 특이점이다. …

동시에 그 독립성을 세상의 사건과 사고와 사태에 구성적으로 개입함으로써, 인간 삶의 모든 국면과 모든 양태에 반성의 불길을 일렁이게 하여 변화를 추동한다. 그것은 마치 삶의 복잡한 타래를 풀 최초의 실마리와도 같은 것이다."

위의 해설에서 허초희의 작품세계를 아름답게 평가하면서 허초희의 생애에 대하여 긍정적인 평가를 내렸다.

『초희』라는 장편소설에서 류서재 작가가 제시한 「일러두기」를 독자의 입장에서 본다면, 이 작품의 배경 설정과 등장인물에 대하여 많은 의문점이 생긴다. 이 소설이 "허구만 의미를 가진다."라고 한다면, 허구의 전개과정에서 기초작업으로 역사적 실재 진실을 바탕으로 설정하지 않고서 그 위에 허구라는 옷을 어떻게 입힐 수 있을까 하는 의구심이 생긴다.

배경 설정에서 전근대, 조선시대 봉건사회의 전통문화와 제도적 장치를 이해하지 못하고 "인간사회 탐구"라는 명목에 걸맞게 고증하는 작업도 기본적으로 갖추지 않고, 역사를 왜곡하면서 작가가 시도하는 "문학 탐구의 과제"를 어떻게 완수할 수 있을까 묻고 싶다.

주인공 인물 묘사를 허구에 의해 표현한다면, 굳이 역사상 실재 인물의 이름을 뒤집어씌우기보다는 허구(虛構)에 걸맞은 이름을 명명(命名)하는 것이 더 좋았을 것이다. 그렇게 했다면 "인간 사회의 탐구"라는 문학 과제를 위하여 독자들을 좀 더 참신한 감동의 장(場)으로 인도하지 않았을까" 하는 아쉬움이 있다.

따라서 조선시대 봉건사회 제도 하에서 주인공 허초희의 사대부 집안의 현숙(賢淑)한 규수(閨秀)의 이미지가 파기(破棄)되고 보편적 인식을 망각한다면, 아무리 훌륭한 주제라 할지라도 한국 여성으로서 한국 여성의 정체성을 확립하지 못한 흥미 위주의 저속한 작품으로 평가되지 않을까 염려된다.

6) 난설헌을 어린이들에게 소개한 동화책

장성자 글 최정인 그림으로 2014년 개암나무에서 간행된 『초
희의 글방 동무』는 책벌레 위인들의 일화를 동화로 엮어 독서의
소중함을 전하는 '위대한 책벌레' 시리즈 다섯 번째 이야기로, 마
음껏 책을 읽고 글을 지으며 재능을 펼치고 싶었던 허난설헌의
어린 시절 일화를 되살린 창작 동화이다. 오빠 허봉, 남동생 허균
과 글방 동무가 되어 세상의 이치를 깨닫고 시를 지은 허난설헌
이야기를 쉽고도 재미있게 썼다.

김은미 글 유승하 그림으로 2021년 비룡소에서 간행된 『허난
설헌』은 새싹 인물전 45번으로 동아시아에 이름을 떨친 조선의
천재 시인 난설헌을 소개한 책이다. 여성의 재능을 인정하지 않았
던 시대에 태어나 세상의 편견에 맞서 평생 글쓰기를 멈추지 않았

『초희의 글방 동무』

새싹 인물전 『허난설헌』

던 허난설헌의 이야기 중간 중간에 허난설헌의 시들을 함께 엮어 인물의 삶을 보다 입체적으로 느낄 수 있게 했다. 허난설헌이 자신에게 닥친 어려움에 용기 있게 맞선 시인이었음을 보여 준다. 허난설헌의 재능을 인정하고 물심양면 지지해 준 가족들의 이야기가 감동과 재미를 더해 준다.

2. 허난설헌 한·독 여성작가회의 전시와 번역

1) 허난설헌 한·독 여성작가회 결성

2011년 4월 21일 오전 10시에 허균 허난설헌 기념공원에서 허난설헌을 기리는 한독 여성작가들이 허난설헌의 예술정신과 삶을 예술작품으로 승화시키기 위해 한독 여성작가회를 결성하고, 개막식을 가졌다.

그 후 2016년 7월 4일 독일 뮌헨 드랫설 갤러리에서 난설헌작가회 초대 미술전이 개막되어 눈길을 끌었다.

양순영 난설헌작가회장은 "이번 교류를 통해 한국과 독일의 문화적 교류를 통해 난설헌의 도전정신과 사상을 세계에 알리고 한국과 독일의 문화를 이해하는 계기가 된 것 같아 보람 있다."고 말했다. (2016년 7월 5일 강원일보 최영재 기자)

2017년 4월 14일부터 16일까지 초당 난설헌 생가터에서 전시회를 가졌고, 6월 14일부터 20일까지 강릉미술관에서 설치미술작품전시회를 열어 관람객으로부터 깊은 관심과 뜨거운 호응을

독일 뮌헨 드랫설 갤러리에서 난설헌 작가회 초대 미술전 포스터

받았다.

독일에서는 난설헌 한독여류작가 교류전이 2011년부터 10회째 이어져오고 있다. 2018년 5월 4일(음력 3월 19일)에는 독일 작가들이 강릉을 방문, 강릉미술관에서 "난설헌 국제작가 초대전"을 가졌다.

2018년 5월 2일부터 8일까지 난설헌작가회 한독 국제교류전이 강릉미술관에서 열렸다. 그중에 남희 필켈 송이 출품한 「슬픔의

대관」은 난설헌의 시「곡자」를 삼베 위에 표현한 작품으로, 난설
헌의 고장 강릉에 영구히 남겼다.

2020년 7월 2일부터 19일까지 난설헌작가회가 주관하여 강릉
아트센터에서 난설헌 국제교류 10주년 특별전을 열었다.

작가는 일본 다마미술대학 대학원 박사, 현재 이화여자대학교
교수로 허경진 교수가 번역한「유선사」를 하이텍스트로 변환하여
영상작품으로 제작하였다. 조선시대의 두루마리 형태의 편지가
모니터와 연결되어 마치 편지를 펼쳐 놓은 듯한 모습을 하고 있다.

2) 재독 미술가 송남희의「유선사」번역

미술가 송남희(64) 씨는 40여 년 전 간호사로 활동하기 위해
독일로 건너가 활동했는데, 지난 2007년부터 허난설헌의 시「유
선사」 87수를 독일어로 번역했다.

그는 "허난설헌의 삶은 개인적인 내 삶과도 닮아 있다"며 "그
동안의 번역작품을 묶어 책으로 내고 싶다."고 했다. (강원도민일
보 2009년 28일(월) 원선영 기자)

3. 춤과 음악 속의 허난설헌

2012년 정명화 정경화 자매가 공동예술감독으로 있는 대관령
국제음악제에서「춤에서 춤으로」라는 주제를 걸고 작품을 위촉하

자, 해방둥이로 전후 대한민국에서 자란 파안(박영희)은 난설헌의 「빈녀음(가난한 여인이 노래)」을 음악으로 옮겼다.

그렇게 탄생한 「초희와 상상의 춤(Chohui and her imaginary Dance)」은 오보에와 클라리넷과 바순과 첼로를 위한 사중주이다.

8월 4일 청평에서 세계 첫 공연을 하고, 그 후 11월 18일 한국, 오스트리아 수교 120주년 기념공연에서 유럽 첫 연주를 하였으며, 11월 29일에는 브레멘에서 앙상블 뉴 바비론이 첫 공연을 했다.

"이 작품의 의도는 난설헌의 고통을 호소하는데 있지 않다. 오히려 나는 그녀가 실제로는 존재하지 않았으나 신선과 선녀 같은 우리 전통 민속문화 속의 성스러운 그 무엇과 소통하려 했다고 생각하고, 그런 그녀의 이상적인 세계관을 음악적으로 표현하고자 하였다. 시와 그림이라는 예술적인 행위에서 그녀는 숨쉴 틈을 찾을 수 있었고 힘든 시간을 견뎌낼 수 있었다. 그런 의미에서 초희는 그 시대의 신비주의자이며 나에게는 오늘날까지 그렇게 남아 있다."고 2013년 2월 브레멘에서 파안 박영희 작가는 밝혔다.

음악비평가 강은수는 「초희와 상상의 춤」에 관한 비평에서 이렇게 말하였다. "박영희의 작품 제목이라는 상상하기 어려운 그리듬감, 그녀가 변신하였다. 초희가 추었을 춤을 상상하면서 그녀가 춤을 춘다. 맑은 삼화음을 띄워놓고 그 실 위에 살짝 앉아 선녀처럼 가볍게 춤을 추는 것이다. 초희는 영희이다. 5백 년 전의 난설헌 허초희는 지금의 박영희 자신이다. 영희도 이제는 날고 싶다. 상상 속에서 음악의 날개로 훨훨"(『음악춘추』 9월호 2013년 12월 16일)

작가 박영희는 유명한 국제적 작가이다. 1945년 청주 출신으로 서울대학교 음악대학 작곡과를 졸업한 뒤에 브레멘예술대학교 작곡과 교수였고 많은 수상 이력을 가지고 있다. 1995년에는 독일 하이델베르그시 여성예술상을 동양인 최초로 수상하였으며, 국민훈장 석류장 수훈 등등, 많은 상을 받았다.

4. 영상매체 속의 허난설헌

배우 구혜선이 드라마부문 연출과 주연, 전체 내레이션을 맡은 MBC 특집 다큐멘터리 「허난설헌」은 MBC 강원영동이 제작하고 2014년 2월 24일과 3월 3일 총 2회에 걸쳐 방영되었다.

MBC 용인드라마 세트장 및 초당 난설헌 생가와 중국 독일 등에서 1년여에 걸쳐 제작되었으며, 그해 12월 여성

MBC 특집 다큐멘터리 「허난설헌」 주인공 구혜선

가족부가 주최하는 '제16회 양성평등상' 최우수상으로 선정되어 여성가족부 장관상을 수상하였다.

제48회 휴스턴 국제영화제(World Fest-Houston International

Film Festival)에서 '전기 및 자서전 부문' 대상을 수상하여 난설헌을 국제적으로 알리는 계기가 되었다.

5. 「역사 속의 종이부인」 허난설헌

허난설헌과 「역사 속의 종이부인」의 이미지가 한데 어울어진 작품전시회가 2009년 2월 금호미술관에서 열렸다.

작가 장종미 교수는 고려대학교 조형학부 교수로 유명한 국제적인 화가이다. 이 작가의 「역사 속의 종이부인」에 대하여 미술사가 김정희 서울대학교 교수는 "정종미의 종이부인, 종이에서 태어나 종이 옷을 입다」라는 제목의 축사를 곁들인 평설에서 다음과 같이 평하였다.

"「역사 속의 종이부인」은 유화부인, 허황후, 선덕여왕, 신사임당, 허난설헌, 황진이, 논개, 매창, 명성황후, 유관순, 나혜석. 이들이 정종미가 2004년부터 존경과 경배의 자리를 마련하고자 계획했던 「역사 속의 종이부인」들이다. …"

"정종미의 종이부인은 작가가 직접 만든 종이 위에 표현한 여자 이미지 이상이다. 도침하여 그림의 바탕을 만들고, 그 안에서 이미지가 태어나게 하기 위해 여러 차례 바르는 안료와 아교도 직접 만들며, 종이와 안료가 결합되어 종이와 부인이 하나가 되어 종이부인이 태어나도록 콩즙도 만들어 수차례 올리고 닦는 동안 작가는 부지중에 1960년대 후반 이후 미술사가들에게 중요한 담론의

봉산문화회관기획 | 2021 기억공작소展

진혼 – '사미인곡'

정종미 Jung, Jongmee

2021. 5. 12. Wed – 7. 11. Sun 월요일 전시없음
Bongsan Cultural Center / 4 Exhibition Hall

다른 전시회 포스터 속의 인물이 종이부인 허난설헌이다.

핵심인 서구의 이원론을 만나게 된다. 종이부인이 처음 등장하던 시기인 1995년의 종이부인의 여인 이미지는 종이 위에 그려졌다 기보다는 그곳에서 태어나고 있는 듯이 보인다."라고 평하였다.

이 전시 작품은 우리나라에서 필자가 처음 본 작품이며, 감명 깊게 보았다.

6. 라이트 아트쇼 「달빛 호수」의 주인공 허난설헌

2018년 평창동계올림픽 성공 개최를 위해 평창문화올림픽이 열렸는데, 강릉 경포호수의 자연공간을 무대로 한 축하 공연을 하였다. 라이트 아트 쇼의 주제를 「달빛 호수」로 정하고, 달빛 호수 위에 주인공으로 허난설헌을 등장시켰다.

경포 호수의 큰 무대 위에 강원도 강릉 다섯 개의 달이 뜨고, 허초희 난설헌의 영혼이 나타나 하늘에 염원하며 노래한다. 오륜으로 그리는 다섯 개의 달이 꿈을 이루기 위해 호수와 합해지는 순간 밤하늘을 불꽃으로 빛줄기가 퍼지며 온 세계를 향해 뻗어나간다. 이때 찬란한 경포 호수의 수면과 어두웠던 하늘 세계를 향해 허초희의 노래가 울려 퍼지며 폭발하듯 사방으로 빛을 뿜어내며 막을 내린다. 초희를 기리는 노래 「몽유광상산시(夢遊廣桑山詩) - 꿈에 광상산에서 노닐다」가 울려 퍼진다.

경포호수에 공연된 라이트 아트쇼 달빛호수

동계올림픽 기간인 2018년 2월 27일 오후 7시 30분 강릉아트센터 사임당홀 998석 만석을 이룬 가운데 국립발레단 무용수 강수진, 신승원이 시인(허난설헌) 역으로 「감우(感遇)」와 「몽유광산상시」를 주제로 한 발레 「난설헌 수월경화(水月鏡花) : 달빛 물에 비치고 꽃은 거울에 비치네」 공연이 있었다.

2018년 동계올림픽을 성공적으로 개최하면서 난설헌의 고향 강릉은 세계 속의 강릉으로 거듭나고 원주와 강릉 간의 KTX 복선 전철 개통 등 지역 발전에 큰 역할을 하였다. 아울러 춤과 노래로 세계 속의 강릉과 허난설헌의 위상이 우뚝 솟았다.

7. 허난설헌을 추모하는 시들

한국문인협회 경기도 광주시지부에서 발행한 제23호 『광주문학(廣州文學)』은 특집으로 "조선 최고 여류시인을 기억하다"라는 주제를 설정하고 회원들이 시문집을 2020년 7월 25일에 발간했다. 광주문화원장 이창희 원장의 축사 「문학이 힘과 변화, 『광주문학』 제23호 발간을 축하하며」가 실려 있다.

"우리 지역사회에서도 문학으로 할 수 있는 일들이 많다고 생각됩니다. 올해부터는 허난설헌 문학제가 광주시 주최로 지역문학단체와 함께 개최된다고 하니 자못 기대가 큽니다. 광주문학회가 큰 역할을 할 것으로 믿습니다. 광주문화원도 문학 저변 확대와 전반적인 문화 발전을 위해 지속적으로 노력할 것입니다."

이 책머리에 「난설헌 허초희(蘭雪軒 許楚姬, 1563~1589)」라는 제목으로 허난설헌의 생애를 정리하고, 상단에 허난설헌의 초상화를 제시했다. 그리고 "아래에 난설헌의 시와 그녀의 손자 헌시, 회원 시를 올린다."고 언급했다.

난설헌의 시는 「哭子」와 「感遇」를 광주시청의 임노규 회원이 원문 해석을 했다. 이어서 청암 김상호(14대 조모 난설헌 헌시) 손자의 헌시를 비롯해, 국당 이재욱 회원의 시 「여류시인 허난설헌」, 고화순 회원의 「지월리 허난설헌」이라는 시를 실었다.

다음에 14대 후손의 헌시와 회원들의 허난설헌을 기리는 시를 예시하여 보기로 한다.

1) 난초(蘭草)

청초한 푸른 잎새 바람에 흩날리고
고개 숙인 꽃술에
청아한 꽃향기 가득하다

차가운 백설을 가슴에 안고
곧게 세운 꽃대는
암벽을 보듬어 설한(雪寒)을 지새우니
지조 높은 고귀한 인품으로
군자의 칭호를 받는다

청순한 심성이 하도 여려

비바람도 들지 못하고
푸른 하늘도 저만치 비켜가니
순백의 높은 절개에
초향(草香)만이 맑게 흐른다

붓 끝에 피어나는 청초한 그 잎새
고개 숙인 꽃술은
그윽한 향기 머금어
천년의 향을 토해낸다

          – 청암 김상호(14대 조모 난설헌 헌시)

2) 여류시인 허난설헌

허난설헌 시인의
한이 묻어난 삶을 읽으니
길섶에 핀 들꽃처럼 두 아이를
가슴에 묻고
어미의 애절함에
그 눈물을 남몰래
그 얼마나 훔쳤던가

여인의 한 서럽고
괴로움은 천 길 만 길
눈물이었고
가슴에 묻고

또 묻는다 한들
그 아픔을
무엇에 비하랴

인생의 아픈 삶을
시로 달래며
짧은 삶을 걸어왔던
허난설헌 시인의
발걸음이어라

시대의 나그네처럼
살았던 여인이여
지금은 무엇을
꿈꾸리오
시향 속에 새겨 놓은
자유로운 영혼만이
안식을 받으리
허난설헌이여

여인의 시비 앞에
발걸음 멈추니
길손의 잔잔한 마음도 숙연하게
연분홍 빛으로
물들어 가고 있네

－국당 이재욱

3) 지월리 허난설헌

너른 고을 지월리
어둠 속 빛 그림자 아슴한 산자락에
삶의 높은 벽을 오르던 굴곡진, 스물일곱
허초희 묘비가 어둠을 깔고 있다

푸르른 생애가 한인 듯
번뇌의 춤도 멈추고
현란한 오색단풍 詩文이 살아서
무덤을 맴돌고 있다

산 아래 아득히 열린 중부대로에는
수많은 차량들이 꼬리를 물고
어디론가 무심히 흘러가고
길손이 잠깐 머물다 간 잔디에
바람이 지나가고 있다

– 고화순

제6장

허난설헌을 기리며

난설헌을 흠모하는 문인 학자 작가들이 몇백 년 동안 다양한
형태로 난설헌의 문학과 생애를 기리는 것과 별도로, 강릉 시민과
양천 허씨 후손들도 여러 가지 형태로 난설헌을 기렸다. 몇십 년
동안 여러 곳에 세워진 난설헌 시비(詩碑)와 문학상, 표준영정을
소개한다.

1. 허난설헌을 추모하는 시비들

길 가는 사람들에게도 난설헌의 시를 오래오래 보여주기 위해,
50년 전부터 난설헌 시비(詩碑)들이 그와 관련된 곳에 세워지기
시작하였다. 현재까지 전해지는 시비들은 다음과 같다.

1) 양천 허씨 선영에 세운
난설헌시비 「감우(感遇)」

양천 허씨 초당(草堂) 선생의 11
대종손인 허강(許穅) 선생(필자의 오
라버님)이 1969년 6월 1일에 경기도
용인군 원삼면 맹리 선산에 난설헌
시비를 처음 세웠다.

시비 앞면에는 "난설헌허초희시
비(蘭雪軒許楚姬詩碑)"라 써서 새기
고, 뒷면에는 난설헌의 시 「감우(感

친정 선산에 처음 세워진 난설헌시비

遇)」원문을 친필로 새겨 세웠다.

2) 광주 경화여상 교정에 세운 난설헌시비

전국시가건립동호회(全國詩歌建立同好會)에서 1980년 10월에 이병주 교수가 주관하고 33명이 협찬하여 경기도 광주군 경화여상(京和女商) 교정에 난설헌 시비를 세웠다. 그 취지는 젊은 여학생들이 그의 자유로운 예술혼을 본받도록 격려하기 위해 여학교 교정에 세운 것이다. 이병주 교수가 번역한「강사에서 글 읽는 낭군에게[寄夫江舍讀書]」를 새겼다.

그동안 변화가 많아, 행정구역과 학교 이름이 바뀌었다. 경기도 광주시 송정동 수하길11번길 43. 경화여자고등학교로 찾아가야 한다.

경화여고에 세워진 난설헌시비

3) 안동 김씨 선영에 세운 난설헌시비

중부고속도로 일부가 1985년에 개통되면서 안동 김씨 서운관
정공파(書雲觀正公派) 선영이 1985년 11월 24일에 예전보다 500m
왼쪽으로 옮겼다. 현재 주소는 경기도 광주시 초월면 지월리 산
29-5이다.

전국시가비건립동호회에서 새로 이장한 허난설헌 무덤 옆에
시비를 세웠다. 시비 앞면에는 필자가 번역한 「곡자(哭子)」를 정
양완(鄭良婉) 교수가 글씨를 써서 새겼으며, 뒷면에는 신호열(辛鎬
烈) 선생이 번역한 「몽유광상산시(夢遊廣桑山詩)」를 김동욱(金東旭)
교수가 글씨를 써서 새겼다.

「곡자(哭子)」를 새긴 앞면

「몽유광상산시(夢遊廣桑山詩)」를 새긴 뒷면

난설헌 묘소 아래에는 어려서 죽은 아들과 딸의 무덤이 있는
데, 아들 희윤(喜胤)의 무덤 앞에는 외삼촌 허봉(許篈)이 지어 준
묘지(墓誌)가 새겨진 비석이 있다. 이 글은 허봉의 문집인 『하곡집
(荷谷集)』에도 실려 있는데, 번역문과 함께 소개한다.

> **희윤의 묘비** (허봉 지음)
> 피어보지도 못하고 꺾인 아이는 희윤(喜胤)이다.
> 희윤의 아버지는 성립인데 나의 매부이다.
> 희윤의 할아버지는 첨인데, 내 친구이다.
> 눈물을 흘리며 비명(碑銘)을 짓는다.
> 해맑은 얼굴에 반짝이는 눈
> 만고의 슬픔을 이 한 곡(哭)에 부친다.   −11대손 허미자 역
>
> **喜胤墓誌 (許荷谷)**
> 苗而不秀者喜胤也。
> 喜胤父曰誠立。余之妹婿也。
> 祖曰瞻。余之友也。
> 涕出而爲之銘曰。
> 皎皎其容。晰晰其目。
> 萬古之哀。寄此一哭。

4) 오누이 시비공원에 세운 난설헌허초희시비

1991년 11월에 강릉시 여성단체협의회 최규숙 회장은 난설헌
허초희시비 건립의 목적을 이렇게 설명하였다.

"이 고장에 살고 있는 여성으로 난설헌의 시혼을 일구어 더 널

리, 더 오래도록 소중히 간직하게 하는 것은 마땅히 해야 하는 본분이자 책무이기에, 강릉시 20개 여성단체가 중심이 되어 난설헌 허초희의 시비를 건립하게 되었다."

이 시비는 초당동 강원도교육연수원 입구에 세워졌는데, 허경진 교수(연세대)가 번역한 「몽유광상산시(夢遊廣桑山詩)」를 오석에 새겼다. 옆에는 신봉승 시인이 번역한 「지사촌(至沙村)」을 새긴 허균의 시비가 같이 세워져 있다.

꿈에 노닐던 광상산의 노래
푸른 바닷물이 구슬 바다에 스며들고
파란 난새는 채색 난새에게 어울렸구나.
연꽃 스물일곱 송이 붉게 떨어져
달빛 서리 위에서 차갑기만 해라.
碧海侵瑤海。青鸞倚彩鸞。
芙蓉三九朵。紅墮月霜寒。

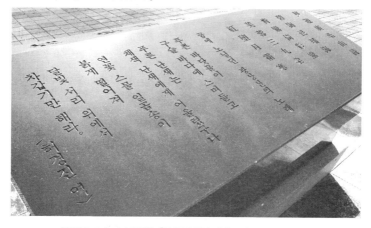

허경진 교수가 번역한 「몽유광상산시(夢遊廣桑山詩)」 시비

5) 허씨 오문장가 시비 가운데 난설헌시비

오문장가 시비는 오문장가로 이름을 날린 양천 허씨 가문의 초당공 엽(曄)과 그의 네 자녀인 성(筬), 봉(篈), 균(筠), 초희(楚姬)의 시비를 가리킨다.

시비 뒷면에 "허씨 오문장가의 예술혼을 기리는 시비는 문학산책로 조성사업의 일환으로 강릉시의 행정적 도움에 힘입어 예총 강릉지부가 주관하여 이 자리에 세운다."라고 새겨져 있다.

1998년 문학산책로에 세웠다가 지금은 난설헌 생가터 기념공원으로 옮겨졌는데, 오른쪽에서 네 번째 시비가 바로 난설헌 시비이다. 장정룡 교수(강릉대)가 번역한 난설헌의 시 「죽지사(竹枝詞)」를 새겼다. 「죽지사」

오문장가 시비 가운데 네 번째 난설헌시비

4수 가운데 강릉을 배경으로 한 제3수이다.

나의 집은 강릉 땅 돌 쌓인 갯가로
문 앞의 강물에 비단 옷을 빨았어요.
아침이면 한가롭게 목란배 매어 놓고

짝 지어 나는 원앙새만 부럽게 보았어요.

家住江陵積石磯。門前流水浣羅衣。

朝來閑繫木蘭棹。貪看鴛鴦相伴飛。

6) 기념공원에 세운 허난설헌 동상과 시비

2010년 5월 1일(음력 3월 19일) 난설헌 392주기 기일(忌日) 추모 헌다례제(獻茶禮祭)에 이어 생가터 앞 허균·난설헌기념공원에서 허난설헌동상 제막식을 거행하였다. 이 동상에 11대 후손인 필자 가 번역한 난설헌 시「곡자(哭子)」를 새겼다.

아들딸 여의고서
지난해 귀여운 딸애 여의고
올해도 사랑스런 아들 잃다니
서러워라 서러워라 광릉 땅이여
두 무덤 나란히 앞에 있구나
사시나무 가지엔 쓸쓸한 바람
도깨비불 무덤에 어리비치네
소지 올려 너희들 넋을 부르며
무덤에 냉수를 부어 놓으니
아무렴 알고말고 너희 넋이야
밤마다 서로서로 얼려 놀 테지
아무리 아해를 가졌다 한들
이 또한 잘 자라길 바라겠는가
부질없이 황대사 읊조리면서

난설헌 허초희 동상

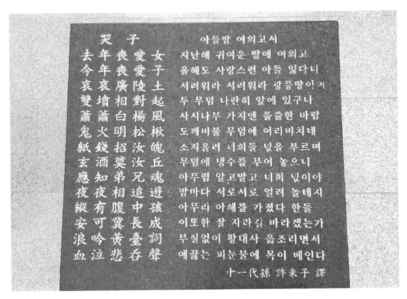

필자가 번역한 시 「아들딸 여의고서(哭子)」

애끓는 피눈물에 목에 메인다 -11대손 허미자 역

哭子

去年喪愛女。今年喪愛子。

哀哀廣陵土。雙墳相對起。

蕭蕭白楊風。鬼火明松楸。

紙錢招汝魄。玄酒奠汝丘。

應知弟兄魂。夜夜相追遊。

縱有腹中孩。安可冀長成。

浪吟黃臺詞。血泣悲吞聲。

7) 안동 김씨 문중에서 세운 시비

안동 김씨 서운관정공파(書雲觀正公派) 23세손(난설헌 14세손) 김상호 교수가 2014년 9월에 강릉 난설헌 생가터를 방문하여 난설헌 영정에 참배하고, 한시 2수를 지어 헌정하였다. 안동 김씨 서운관정공파 하당공종중회(荷塘公宗中會)가 이 한시를 새긴 시비를 공주 선영 난설헌 묘 옆에 세웠다.

(전면)

난초

상조모를 위하여 난초를 읊다 / 청초한 푸른 잎새 바람에 흩날리고 / 고개 숙인 꽃술에 청아한 꽃향기 가득하다 / 차가운 백설을 가슴에 안고 곧게 세운 꽃대는 암벽을 보듬어 / 설한을 지새우니 지조 높은 고귀한 인품으로 군자의 칭호를 받는다 / 청순한 심성이 하도 여려 비바람도 듣지 못하고 푸른 하늘도 / 저만치

비켜 가니 순백의 높은 절개에 초향만이 맑게 흐른다 / 붓 끝에
피어나는 청초한 그 잎새 고개 숙인 꽃술은 / 그윽한 향기 머금어
천년의 향을 토해낸다

蘭草

蘭草吟爲上祖母

日常淸楚蘭　搖搖綠葉風

花蕊雖低頭　淸雅滿滿芳

抱擁白雪寒　花軸垂直立

夜坐與巖壁　志操貴君稱

甚柔淸心性　靑川雷雨隱

純白節介高　草香只淸流

楚葉發毫端　蘭藥低頭畵

김상호 교수가 헌정한 「난초(蘭草)」 시비

幽幽香氣沾　吐出千年香

西紀 2014年 9月 30日

許 蘭雪軒 14代孫 詳浩 謹撰

(후면)

강릉 초당에서

경포대에 달이 뜨면 솔바람은 가슴을 내밀고 숲 사이를 거닌다 / 한낮에 흘리던 땀방울도 몸속에 잦아들면 호수 위에 놓인 그 날의 모습이 출렁이는 빛으로 온다 / 강릉 바다에 달이 뜨면 송림은 굳은 의지로 형제의 결의를 다지고 / 한양의 별을 보고 품었던 꿈을 창파에 희망의 배로 띄워 보낸다. 허나 / 서풍의 파도가 뱃길을 가로막고서 희망의 배는 폭풍의 바다를 넘지 못하고 / 칼바

김상호 교수가 헌정한 「강릉 초당에서(在江陵草堂)」 시비

위에 난파된 차가운 영혼으로 북망산천에 드니 강릉이여 서러워
라 / 한 맺힌 초당의 고택이 곱게 단장한 채 비구름 속에서도
고즈넉이 한 빛 비추니 / 지나간 삶의 애환이 가슴에서 솟는다.
난설헌이 집을 지키고 아직도 곡자(哭子) 시를 읊고 계신다

在江陵草堂

月來鏡浦臺　松風林間行

正午汗滴盡　其日姿濴光

月來江陵海　松林兄弟義

望星漢陽夢　蒼波泛舟希

西波航路遮　希望不越風

刀巖難破魂　北邙悲江陵

丹粧恨草堂　一光風雨寒

胸湧昔哀歡　聞如哭子詩

西紀 2014年 9月 30日

許 蘭雪軒 14代孫 詳浩 謹撰

2. 난설헌시문학상

(사)교산·난설헌선양회에서는 난설헌의 문학정신과 얼을 기
리기 위해 2013년부터 난설헌시문학상 수상작을 심사하여 시상
하고 있다. (사)교산·난설헌선양회 홈페이지에 난설헌시문학상
을 제정한 목적을 다음과 같이 밝혔다.

난설헌 허초희(1563~1589) 여사는 조선중기 시대의 시인으

로, 본명은 초희(楚姬)이고 자는 경번(景樊)이며 호는 난설헌(蘭雪軒)이다. 문한가(文翰家)로 유명한 명문 집안에서 태어나, 용모가 아름답고 천품이 뛰어났다고 전한다. 오빠와 동생과 함께 글을 배우기 시작했고, 집안과 교분이 있던 손곡 이달에게서 시를 배웠다. 8세에 「광한전백옥루상량문」을 지어내어 문학 신동이라 불리었던 난설헌 여사의 시는 현재 213수가 전해지며, 그 중 신선시가 128수이다. 후에 허균이 명나라 시인 주지번에게 시를 보여주어 중국에서 『난설헌집』이 발간되는 계기가 되었다. 그 후 난설헌 여사의 시는 중국은 물론 일본에서도 격찬을 받아 당대의 세계적인 시인으로 명성을 떨치게 되었다. 난설헌시문학상은 이러한 난설헌 여사의 문학정신과 얼을 기리기 위하여 지정된 상이다. 매년, 올해의 여성작가를 선정하여 난설헌시문학상을 수여한다.

현재까지 수상자는 구영주(1회), 이충희(2회), 허영자(3회), 박명자(4회), 이영춘(5회), 이구재(6회), 문현미(7회), 심재교(8회), 김해자(9회) 시인이다.

해마다 시인과 문학교수 3인으로 구성된 심사위원회가 최근 5년간 가장 활발하게 활동했던 여성시인들의 시집을 검토하고 각자 복수의 수상후보자를 추천한 뒤에, 토론과정을 거쳐 가장 뛰어난 시인을 만장일치로 선정하였다. 시인이 직접 신청하거나 응모하는 제도가 아니기에, 전국적인 시인을 수상자로 선정하기가 쉽다. 심사평은 심사위원 3인의 의견을 종합하여 심사위원장이 작성하였다. 난설헌문화제 개막식에서 심사위원장이 심사평을 공개하고, 강릉시장이 난설헌시문학상 수장자에게 시상하였으며, 수상자가 수상소감을 말하였다.

　마지막으로 2021년에 진행된 제9회 난설헌시문학상 심사위원은 엄창섭(시인, 관동대 명예교수), 김경미(시인, 강릉문인협회 회장), 허경진(연세대 명예교수)이고, 수상자는 김해자시인이다. 제9회 난설헌시문학상의 선정이유서와 수상자 약력, 수상소감, 수상자 자선 대표시는 다음과 같다.

1) 제9회 난설헌시문학상 선정이유서

제9회 난설헌시문학상 심사위원장 허경진

　삼종지도(三從之道)를 여성의 미덕으로 알고 말 많은 것[多言]을 칠거지악 가운데 하나로 꼽던 조선중기에 허난설헌은 아버지나 남편, 자식을 위한 글이 아닌, 자신의 목소리를 남기기 위해 시를 썼습니다. 우리나라 여성 최초로 시집을 간행하였던 허난설헌의 시를 한 마디로 요약한다면 가난한 영혼을 위한 사랑의 시입니다. 허균은 「유재론(遺才論)」에서 하늘이 사람을 세상에 내보낼 때에는 고르게 재주를 주었는데, 지역으로, 신분으로, 성별(性別)로, 적서(嫡庶)로 차별하여 사람을 버렸다고 탄식하였습니다.

　동생 허균의 탄식을 누나 난설헌은 「빈녀음(貧女吟)」이라는 시로 풀어 썼습니다. 김해자 시인의 약력에 늘 따라다니는 미싱사가 바로 이 시대의 빈녀입니다. 「버버리 곡꾼」은 남을 위해 자기를

시상식을 마치고 난설헌 영정에 참배한 수상자 김해자 시인과 심사위원장

울던 시인이기도 합니다. 아들 무덤에서 세상의 모든 여성을 위해, 모든 가난한 이들을 위해 울었던 난설헌처럼 말이지요.

시인은 『집에 가자』라는 시집 머리말에서 "쓸쓸하고 낮고 따스한 영혼들에게 이 못난 시집을 바친다."고 말했습니다. 난설헌은 자신의 시를 불태워 버리라고 유언했지만, 동생 허균이 기억하는 시를 편집하여 후세에 전했습니다. 여성이 시 짓는 사실조차 받아들여지지 않았던 세상에 살던 난설헌이 시집을 직접 편집했다면, 이렇게 머리말을 쓰지 않았을까요?

김해자 시인은 병이 들어 치료를 받으면서도 아픈 세상 사람들을 위해서 시를 썼습니다. 난설헌은 병이 깊어지면서 신선세계 시를 지었는데, 김해자 시인은 코로나로 병들어가는 지구를 위로

하며 『해피랜드』(아시아, 2020)라는 시집을 영문판과 함께 출판하였습니다. 난설헌의 시정신을 이 시대에 가장 잘 살려낸 김해자 시인에게 난설헌의 이름으로 시문학상을 드립니다.

2) 시인 약력

김해자 : 1962년 전남 신안에서 태어나 목포에서 초·중·고등학교를 다녔다. 고려대 국문학과를 졸업하고 조립공, 시다, 미싱사, 학습지 배달, 학원 강사 등을 전전하며 노동자들과 시를 쓰다가, 1998년 『내일을 여는 작가』에 「넝쿨장미」 등 6편의 시로 등단했다. 시집 『무화과는 없다』, 『축제』, 『집에 가자』, 『해자네 점집』, 『해피랜드』 등을 발간했고, 산문집 『민중열전』, 『내가 만난 사람은 모두 다 이상했다』, 시평 에세이 『시의 눈, 벌레의 눈』 등을 펴냈으며, 촌에서 백수 겸 농사꾼으로 살고 있다. 전태일문학상 (1998), 백석문학상(2008), 이육사시문학상(2016), 아름다운작가상(2017), 만해문학상(2018), 구상문학상(2018)을 수상했다.

3) 수상소감

김해자

올 듯 올 듯 비가 내리지 않아 서리태와 콩밭 이랑이 갈라지는 풍경들을 보며 하늘을 올려다보는 일이 길어지고 있는 즈음, 난설헌시문학상이라는 황공한 소식을 들었습니다. 수상 말씀을 전해

듣고 맨 먼저 떠오른 시는 허난설헌의 시 「빈녀음(貧女吟)」이었습니다.

> 얼굴 맵시야 어찌 남에게 떨어지랴
> 바느질에 길쌈 솜씨도 좋건만,
> 가난한 집안에서 자란 탓에
> 중매할미 모두 나를 몰라준다오.
>
> 춥고 굶주려도 얼굴에 내색 않고
> 하루 내내 창가에서 베만 짠다네
> 부모님은 가엾다고 생각하시지만
> 이웃의 남들이야 나를 어찌 알리

부족함 없는 사대부 집안에서 나고 자라며 글을 배웠으나, 베를 짜서 생계를 이어가는 가난한 여성이나 성을 쌓는 인부들이나 장사꾼 같은 민초들의 삶을 그려냈다는 점만으로도 존경스럽습니다. 더욱이 조선시대 여성의 처지나, 그가 몸소 겪은 상처와 자식과의 사별 등 고난이라고조차 말할 수 없는 비통한 사건들을 생각해보면, 고통에 압살당하지 않는 시정신과 섬세하면서도 호방하고 너른 품을 가진 귀한 시인이라 여겨집니다. 오늘 살아가는 현실 세계가 눈물과 고통과 감옥 같은 부자유가 있을지라도, 아니 그러므로 더더욱 그것을 뛰어넘는 꿈과 이상세계를 그려내는 것이 시인의 몫이 아닐까 생각해봤습니다.

밤늦도록 쉬지 않고 베를 짜노라니
베틀소리만 삐걱삐걱 차갑게 울리네.
베틀에는 베가 한 필 짜여졌지만
뉘 집 아씨 시집갈 때 혼수하려나

손에다 가위 쥐고 옷감을 마르면
밤도 차가워 열 손가락 곱아오네.
남들 위해 시집갈 옷 짓는다지만
해마다 나는 홀로 잠을 잔다오.

오도 가도 못하고 갇혀 지내는 것이 일상이 되어버린 복면의
시대에, 새삼스레 허경진 선생님이 번역해 펴낸『허난설헌 시집』
을 읽다, 궁핍하고 노고스러운 타자에게 핍진하게 다가간 '가난한
여인의 노래'를 필사하고 있습니다. 사람이 사람에게 잠재적 파괴
자이자 위험인자로 취급되는 우리가 만든 찬란한 문명이 우리를
파괴하는 것을 목도하며 살아야 하는 난처(難處)에서, 난설헌의
신선세계도 읽어봅니다. 시대와 개인의 해방에 대해 난설헌은 질
문과 동시에 희미한 길 하나를 가리키는 듯합니다. 시를 통해 사
랑과 우정으로 이어지는 다리를 놓으라고. 병들어 소멸해가고 있
을지라도 지금 눈앞의 고통으로 타인의 아픔을 되비춰보는 거울
로 삼으라고. 이 세계의 눈물과 회한을 넘어서는 난새가 되고 눈
속에 피어난 난초가 되라고. 세상과 아름다운 관계를 희망하는
일을 멈추지 말라고.
  어젯밤부터 본격적으로 비가 내리고 있습니다. 한 달 동안 가

물어 터진 땅에서 콩잎과 깻잎이 고개를 바짝 세우고 있습니다. 눈에는 보이지 않지만 저 어두운 흙 속에서는 고구마와 땅콩들이 열심히 열매를 키워가고 있겠지요. 귀한 상을 주신 교산·난설헌 선양회에 감사드립니다. 더욱 시업에 정진해 보답하도록 하겠습니다.

2021년 8월 1일

4) 자선 대표시

버버리 곡꾼

김해자

봄여름가을 집도 없이 짚으로 이엉 엮은
초분 옆에 살던 버버리, 말이라곤 어버버버버밖에 모르던 그 여자는
동네 초상이 나면 귀신같이 알고 와서 곡했네
옷 한 벌 얻어 입고 때 되면 밥 얻어먹고 내내 울었네
덕지덕지 껴입은 품에서 서리서리 풀려나오는 구음이 조등을 적셨네
뜻은 알 길 없었지만 으어어 어으으 노래하는 동안은
떼 지어 뒤쫓아 다니던 아이들 돌팔매도 멈췄네
어딜 보는지 종잡을 수 없는 사팔뜨기 같은 눈에서

눈물 떨어지는 동안은 짚으로 둘둘 만 어린아이
풀무덤이 생기면 관도 없는 주검 곁 아주 살았네
으어어 버버버 토닥토닥 아기 재우는 듯 무덤가에 핀
고사리 삐비꽃 억새 철 따라 꽃무덤 장식했네
살아서 죽음과 포개진 그 여잔 꽃 바치러 왔네 세상에
노래하러 왔네 맞으러 왔네 대신 울어주러 왔네
어느 해 흰 눈 속에 파묻힌

3. 허난설헌 정부 표준 영정

허난설헌의 영정은 몇 차례 그려졌는데, 정부로부터 처음 공인받은 표준 영정은 1996년 동국대학교 미술학과의 손연칠 교수가 그린 작품이다. 현재 국립현대미술관에 소장되어 있다.

손연칠 교수는 1986년 난설헌 부군인 김성립(金誠立)의 부친 김첨(金瞻)과 누이동생 대경의 묘 이장 시에 발견된 의상을 바탕으로 하여, 2007년 10월부터 난설헌 영정을 다시 그리기 시작했다. 의상은 현재 충북대학교 박물관에 소장되어 있다.

난설헌의 얼굴 모습은 후손 여성을 참고했으며, 의상은 시모님 의상을, 머리 모양은 조선중기 여성의 머리를 고증하여 영정을 마무리하였다. 문화관광체육부 정부표준 영정 심의를 거쳐 교체할 계획이다.

새로 그린 영정은 400년이 지난 이제 초당 솔향기 가득한 생가

허난설헌 생가 안채에 모신 난설헌 영정. 해마다 헌다례 때에 필자가 꽃을 바쳤다.

로 모셨다. (2009년 9월 19일자, 11대 후손 허세광의 기록을 참조
하였다.)

4. 맺음말

난설헌 허초희 할머니를 기리며 몇 년 동안 이 책을 썼다. 할머
니 가진 지 433년이 되는 지금도 그 그윽한 난향(蘭香)이 우리에게
짙게 남아 있다.

시대를 앞서 간 난설헌 할머니는 조선시대 봉건사회에서 맺히고 맺힌 한(恨)을 시(詩)로 풀었다. 조선시대 동양 3국 가운데 으뜸가는 여성시인으로 널리 그 위상을 떨쳤다.

난설헌 할머니의 시공(時空)을 초월한 의식의 세계를 우리는 옛날의 한문소설, 옛날의 시나 산문 속에서도 찾아볼 수 있었다. 난설헌 할머니의 후예들이 여러 장르의 작품 속에 난설헌의 시를 되살렸던 것이다. 오늘에 와선 현대소설이나 동화, 인형극의 주인공으로 등장하는 아름다운 모습도 찾아볼 수 있었다.

역사 속에 난설헌 할머니가 주인공이 되어 등장하면 동화가 되고, 인형극이 되고, 연극 영화가 된다. 노래와 그림이 되고, 서예와 공예, 설치미술이 되어, 문학과 예술의 장(場)을 다양한 유형으로 그 범주를 넓히며 이상향을 실현하는 역사상의 여성 인물을 그 어느 나라에서도 찾아볼 수 없었다.

2018년 평창문화올림픽의 달빛 호수 라이트 아트쇼에서 주인공으로, 독일 휴스톤에서 「양성평등상 최우수상」은 난설헌 할머니가 주인공이 되어 우리나라 여성의 위상을 확립하는데 큰 공훈을 세웠다.

영상매체 속의 역사인물 「허난설헌의 다큐 드라마」는 슬펐지만, 가슴 벅찼다.

아! 난설헌 할머니의 불타는 정열은 우리나라 여성의 우월한 정체성을 오늘날 온 세계 여성의 롤 모델로 그 위상을 드높이고 있다.

진정 난설헌 할머니는 우리 곁에 영원히 살아 계신다.

허균·허난설헌 기념공원

　　난설헌 생가터 일대를 온 국민이 사랑하는 허균·허난설헌 기
념공원으로 조성하는 과정에서 강릉 시민들의 사랑과 역대 강릉
시장들의 관심이 지대하였지만, 강릉시 초당동장을 역임하면서
난설헌 선양사업에 자기 일같이 헌신한 양천 허씨 강릉종중 회장
허세광(許世光) 아우의 열정을 잊을 수 없다.

　　강릉 경포로(鏡浦路) 남쪽 산기슭에 초당으로 가는 도로가 자연
풍광을 살리면서 시원하게 뚫려 있다. 강릉시 최명희 시장이 2010
년 9월 19일에 이 길 이름을 ‘난설헌로’라고 지어 선포하였다.

　　교동에서 초당동으로 내려가는 입구에 오석(烏石)으로 만든 난
설헌로 표지석이 서 있는데, 한반도 모습을 닮았다. 전임 초당동
동장인 초당선생 11대 후손 허세광이 큰 길이 없던 초당에 난설헌
로가 개통되던 날 감격을 노래하여 시를 지었다. 허세광 아우의
시 「난설헌로」를 소개하며 이 책을 마무리한다.

난설헌로

솔향기 가득한 연화부수형 지(址)
동양삼국 그 이름 떨친 난설헌 태어나시다.

경호(鏡湖) 갯가에 길 잃은 원앙 한 쌍
향기 짙은 연잎 뒤에 내려앉은 이슬방울방울
솔숲 바람 마음 아려온다.

지난해에는 420년 만에 생가 안으로 영정을 모셨는데
올해는 난설헌로 길 뚫렸다.

난설헌로 표지석

400년 전 중국 대륙에 이름을 떨치시고
이제 태를 묻은 고향 이곳에
고귀한 그 이름 찾아
세계문인 쉽게 찾아오게 되었네.

옛집 앞 난설헌 길이 나 오시기까지
오랜 세월 양지바른 초월 언덕에 묻혀
두 무덤 외로이 지켜 오셨지요.

호수가 맑은 물에 비단옷 빨던 초당 옛집에
두 아이와 함께 자주 찾아오셔서
수세기 동안 외로우셨던 지난날을 그리며
맘껏 웃어주셨으면 좋겠어요.

－11대 후손 허세광

저자 허미자(許米子)

아호는 혜란(兮蘭), 본관은 양천(陽川)으로 1931년 강원도 강릉에서 출생하였다. 이화여자대학교 국문과와 같은 대학교 대학원을 졸업하고, 단국대학교 대학원에서 문학박사학위를 받았다. 이화여자대학교 전임강사를 거쳐 성신여자대학교 교수로 정년퇴임하였다.

성신여자대학교 성신학보사 주간, 인문과학연구소 소장, 인문과학대학 학장을 역임하였다.

저서로는 성신여자대학교출판부에서 간행한 『한국시문학연구』, 『허난설헌연구』, 『이매창연구』, 『한국여류문학론』, 『허난설헌』을 비롯하여 『한국여성문학연구』(태학사), 『나의 스승 어머니』(보고사) 등이 있다.

편저로는 『조선조 여류시문전집』(태학사) 4권, 『한국여성시문전집』(국학자료원) 6권, 추모문집 『당신의 사랑 안에 머물게 하소서』(보고사) 등이 있다. 역서로는 나카이 겐지(仲井健治)의 『일본인이 본 허난설헌 한시의 세계』(국학자료원)가 있다.

할머니 난설헌을 기리며

2022년 4월 15일 초판 1쇄 펴냄

지은이 허미자
발행인 김흥국
발행처 도서출판 보고사

등록 1990년 12월 13일 제6-0429호
주소 경기도 파주시 회동길 337-15 보고사
전화 031-955-9797(대표), 02-922-5120~1(편집), 02-922-2246(영업)
팩스 02-922-6990
메일 kanapub3@naver.com / bogosabooks@naver.com
http://www.bogosabooks.co.kr

ISBN 979-11-6587-300-4 03910
ⓒ 허미자, 2022

정가 12,000원